诗韵江城

·第二辑

高寒卷

GAOHANJUAN

东湖诗社／编

武汉出版社
Wuhan Publishing House

(鄂)新登字 08 号
图书在版编目(CIP)数据

高寒卷/东湖诗社编. —武汉:武汉出版社,2023.10
(诗韵江城.第二辑)
ISBN 978-7-5582 -2413-3
Ⅰ.①历… Ⅱ①东… Ⅲ.①诗集-中国 Ⅳ.①122
中国版本图书馆 CIP 数据核字(2018)第 215387 号

作　　者:高　寒
责任编辑:管一凡
封面设计:马　波
出　　版:武汉出版社
社　　址:武汉市江岸区兴业路 136 号　　邮编:430014 电话
电　　话:(027)85606403　85600625
http://www. whebs.com　E- mail:zbs@whcbs.com
印　　刷:武汉中科兴业印务有限公司　　经销:新华书店开
开　　本:787mm × 1092mm　1/16
印　　张:24.625　　字数:290 千字
版　　次:2023 年 10 月第 1 版　　2023 年 10 月第 1 次印
定　　价:58.00 元

著名楹联家白雉山题诗、夫人周玲蒂作画

沧州南川楼门楼联

何必羡名楼，到最上层，风烟俱净；

会当携沧酒，望无边处，仙祖如招。

匾额：青苍醉目

书法家陈国均题

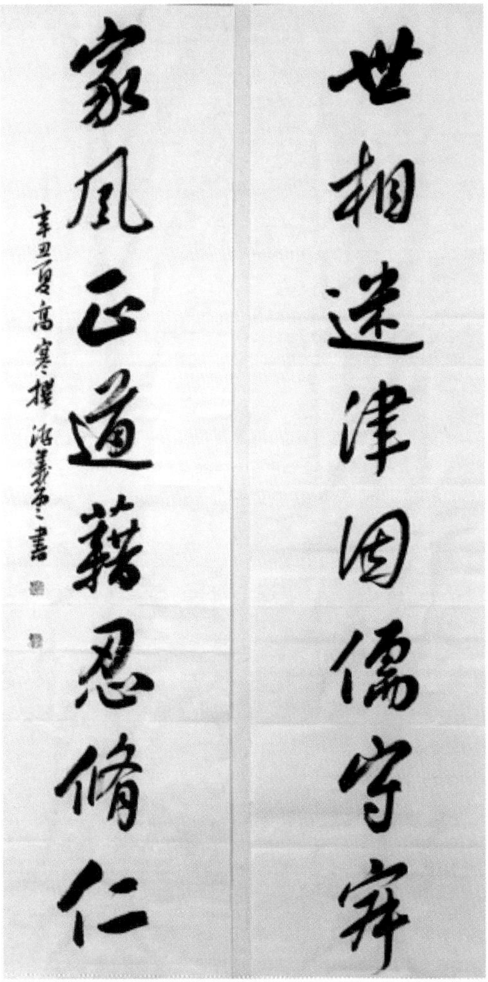

应城匠心文化园四能堂联

（书法家游义云书）

鄂州西山拥翠亭联

（书法家李福林书）

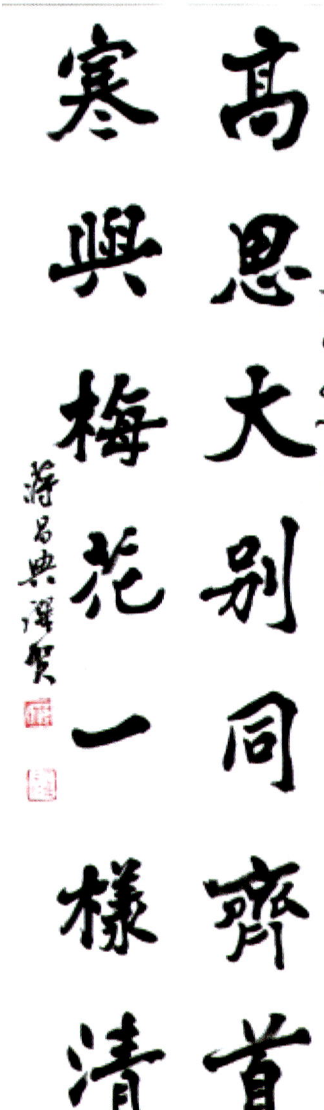

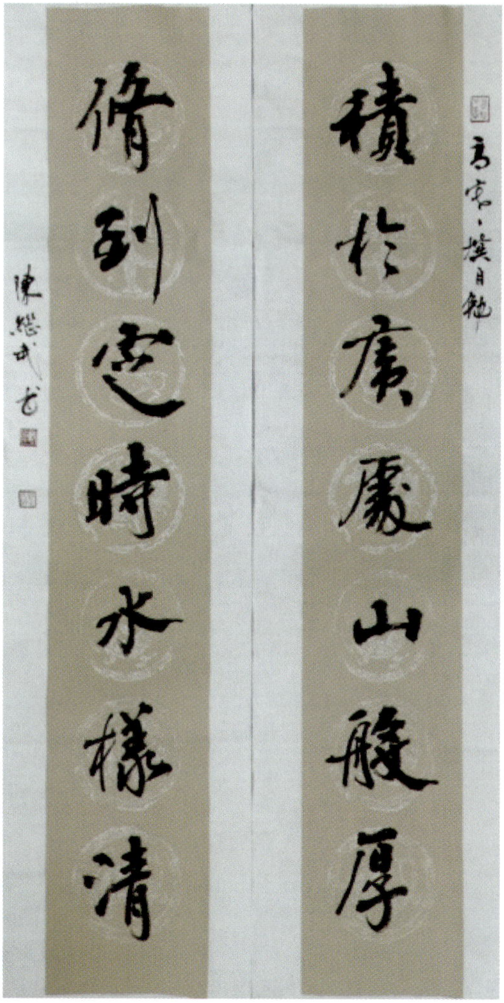

贺高寒生日

（湖南诗联家蒋昌典撰并书）

自题联

（书法家陈继武书）

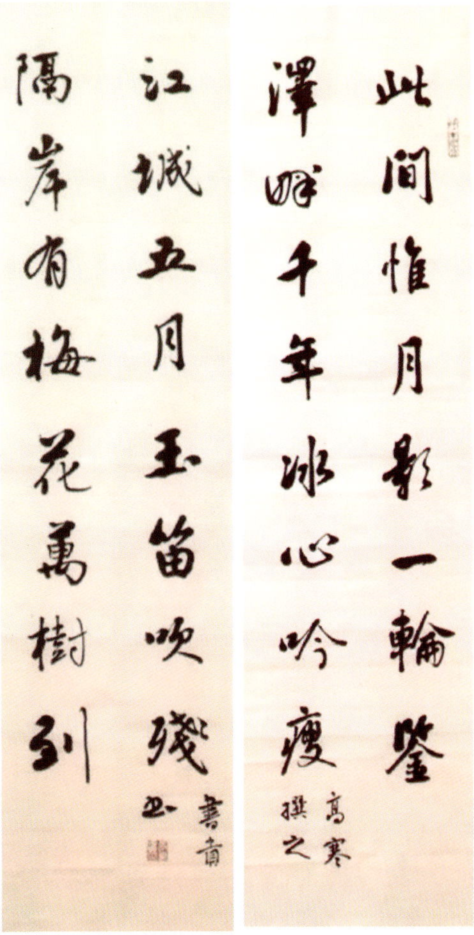

东湖行吟阁

（书法家李书贵书）

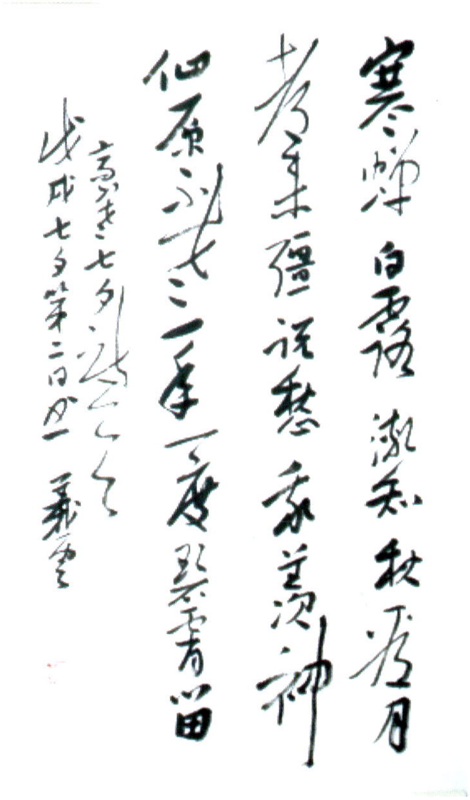

七夕感怀

寒蝉白露渐知秋，看月都来强说愁。

我羡神仙原不老，一年一度碧霄留。

（书法家游义云书）

目录

序言

诗词选

楹联选

题咏联

辞赋

附录一——师友题赠选录

附录二——文章鉴赏选录

附录三
——作者鉴赏文章选录

序言

我的诗友　个个比我强

张德顺

2015 年夏季，东湖诗社向省、市老领导汇报工作，半山自豪的说："我的诗友，个个比我强"，老领导听后十分欣慰。在汇报编写《诗韵江城》的相关事宜时，老领导谢培栋主任畅谈了此项工作的历史和现实意义。

为落实领导指示，我们进行了认真讨论、研究，决定《诗韵江城》分三辑编撰：诗词篇、楹联篇、赋篇。第一辑由老领导王群书记作序，围绕历代文人咏武汉名山、名水、名地；好人、好事、好景所作的诗词进行了选编，已经于武汉出版社完成出版。第二辑楹联篇，由东湖诗社副社长高寒主编，将高寒诗词楹联作品精选入编，邀请湖北省中华诗词学会会长段维、知名楹联家王永江作序，于今年内出版。第三辑从《鹦鹉赋》、《木兰辞》等名篇，至黄鹤楼、问津书院、古琴台、晴川阁、归元寺等名胜古辞赋中广泛收集，建议由东湖诗社社长、副社长、主编、副主编分工协作，共同编注，并邀请省、市有关领导作序，争取 2024 年底完成全部刊印工作。

东湖诗社人才济济，其中高寒表现比较突出，她诗品雅正，工作严谨负责，尤其楹联方面才华卓著，在楹联界也有较大影响。为奖掖青年一代诗人、联家成长，推动诗词楹联文化发展，特将高寒个人诗联作品纳入楹联篇系列。

二〇二三年于汉口寓所

高寒印象(代序)

段 维

高寒是一位才华横溢、棱角分明的青年诗人和联家。老一辈人基本上无一例外地欣赏她，而同辈人却对她褒贬不一。她好像也不怎么在乎非议，一心创作对联兼诗词。这大概也是她成功的最大秘诀。一个人如果太在乎别人的评价，就不能集中精力创作，而太不在乎别人的看法，又会时时处处磕磕碰碰而伤及皮肉或内心。所以她多数时候是带伤前行的。

她写的诗不多，印象中以七律最好。这次系统地阅读其诗稿，却感到她的绝句最有灵性。试举两例：

总有感动

疏影桂花天，人圆月正圆。
采枝留一枕，香到有生年。

探 梅

春访梅枝苔未干，江风瘦柳带清寒。
我怜花处花怜我，开到浓时转怕残。

第一首五绝的题目像新诗，内容则充满古意。句子略带口语，显得自然朴实，很是符合五言绝句的特质。第二首七绝人花互动、人花一体，颇有宋诗的理趣。

高寒的七律也是值得品评的。我们不妨也看两首：

迎新雅集感怀

曲自悠扬兴自高，盘歌箸击乃吾曹。
等闲旧岁轻飞箭，凌乱新词小试刀。
杯莫停兮情若水，月休窥也面如桃。

今宵且借刘伶醉，梦里来撑范蠡篙。

过江夏龙泉山有感

数龙盘结翠绵延，春许云招客袖牵。
正值湖清堪泊月，适逢山静漫听泉。
小莺恰恰疏花外，旧殿斑斑密竹边。
壁上文章看未足，轻声莫扰九王眠。

第一首诗语言雅正，章法合体，用典娴熟，感慨深长。第二首诗的拟人加比喻句“春许云招客袖牵”绘形绘态，生动传神。颔联上句“正值湖清堪泊月”之“泊”字烹炼到位，近似天然。

她的词更值得提及。兹举小令和长调各一：

浣溪沙·梨花院落

野径山溪过白云，回廊燕雀啭清音。闲书一卷隐凡尘。
卧榻晴阳慵懒懒，游丝花絮坠纷纷。梨香院落渐春深。

满江红·登仲宣楼

翘角朱檐，斯楼上，驻留行脚。余晖下，墙垣倒映，云霞堪濯。记取先生慷以慨，遭逢况遇寥而落。凭栏处：“吾岂是匏瓜”，悬无着。　波浪去，孤帆泊；胸襟远，长风掠。望茫茫岘首，顿生仙觉。何日登临长一啸，古今酬唱聊相酌。待归来，再捧仲宣诗，浑如昨。

小令《浣溪沙·梨花院落》婉转寄怀，颇有花间风味。长调《满江红·登仲宣楼》则笔调转为雄浑，有稼轩韵致。

对联无疑是本书的重头戏，而我对对联则是个半瓢水，也只能谈一点印象式的心得了。个人认为，目前对联不外乎两大门派：一是主流的“实用联”，二是新派的“文艺联”。前者的极致就是口号化、概念化，也被人借用诗词术语而称为“老干体”；后者的极致就是无限铺排，不吝用典，借用新诗术语似可称为“废话体”。

高寒的对联无疑不属于实用联的“老干体”，但与文艺联的“废话体”

也拉开了一定的距离。本书收录的联语分为祝贺联、题咏联、酬赠联、人物联、哀挽联、名胜联和其他联。这些分类未必十分准确，比如人物联其实也可归入题咏联。我觉得她写得最好的就是题咏联（包括人物联），还有名胜联（部分也可归入题咏联）。我们试看几例：

题汪集鸡汤

宝鼎合馐肴五味而烹，得名之古性之纯，曾招邀杜牧分茶，苏公佐酒；

吾乡与汪集一江相隔，欣物之丰民之乐，犹想见阿婆持灶，稚子温书。

这副联上联写汪集鸡汤之美味，却很自然地拉来杜牧和苏轼做陪衬，增加了文化含量与历史纵深感。下联上升到“欣物之丰民之乐”，立意递进一层；而“犹想见阿婆持灶，稚子温书”又复归于文化，且用语极其温馨感人。

题赵飞燕

妒极则宫闱祸乱，宠争则姐妹筹谋，子嗣无存，美人何忍成魑魅；

妆仪看鬓朵明鲜，舞技看掌心纤瘦，恩荣有几，国色由来附帝王。

如何评价赵飞燕其实是一个一言难尽的问题。如果一味地对其鞭挞，很容易落入窠臼。所以下联的落脚点有意设在“国色由来附帝王”之处，全联顿时便有了新意和高度。

题李白

三百场雅兴，其怀曰豪阔，其性曰清狂，其仪曰飘逸，其逍遥曰风月笙箫，原无论诗赋歌谣，俱逊于酒；

八千里行踪，所访在襄阳，所携在洛水，所谪在夜郎，所颠沛在江天云海，聊与说高王孟杜，独称作仙。

写李白无疑要抓住其人的独特个性。此联上联抓住李白的“酒”性，下联抓住李白的“仙”性，于是对联框架就赫然在目了。

西安大唐芙蓉园

复堂皇旧识才人，恍惚间金罍玉斝，翠幕珠帏，犹向李唐争气象；

近繁富空闻帝子,分明是上苑莺啼,瑶台花发,似同宫女说玄宗。

这副对联最大的亮点就在于将历史与现实直接勾连起来,借眼前之景发历史之概,其实也是借古喻今,警醒当世。

杭州乌镇

淡然看枕水人家,翠染一渠,漫勾连青石街、乌篷棹;

灵秀是江南笔墨,屐声三里,重邂逅桐油伞、客子心。

这副联的写法与上述联例有所不同,其着力点不在于微言大义,而在于营造唯美的意境,让人回味起浪漫的青葱岁月和单纯的人性人情。

归纳来看,高寒的对联都“比较好看”,即结构、句式比较漂亮。这也是她刻意追求的。只是有时她太注重“形式”了,有些对联的铺排略有过度之嫌,还是应该惜墨如金为上。当然,该长则长,就像昆明大观楼长联一样,不让人觉得有丝毫的累赘琐碎,而是给人以一气呵成,云蒸霞蔚之感。

另外,她的诗词目前虽然数量极少,但仍然看得出潜力无限。我甚至断言,再过十年、二十年,她的诗词成就会超过对联。为什么这样下语呢?因为她的对联目前成就较高,但已经逐渐形成了某种套路。而要打破这种套路是有风险的,弄不好既有的名声会因此失去。一般人是没有这个勇气的。而她的诗词还在修炼阶段,还没有形成什么套路,探索起来也就没有什么历史包袱。完全可以轻装上阵,一骑绝尘。

我写任何文字都不怎么喜欢按套路出牌,这次高寒要我为其诗联集写序,我却写成了“四不像”的东西。勉强代序吧!

2023 年 10 月于桂子山

从心流淌的文字

王永江

初识高寒，是2016年7月我在“对联中国”公众号开设“名家点评”栏目，她以“高同学”的名字参与创作。我还记得她写的《贺上海迪士尼开园》一联：“作大国先锋，勇立潮头，十里洋场添异彩；集西方精粹，呈于沪上，一园童趣证奇观。”取得了当期前三名的好成绩。在此之前，她接触过一些出对句，但对成联并无太多涉猎。随着积极参加活动，她开始逐步迈上成联创作之路。

是年8月，中国楹联论坛开办第五期学堂，她又注册“高同学”的名字参加，进入到我所主持的“花非花”小组学习。现在回看她在学堂的作业，不少联作已是可圈可点。比如《沉香亭》一联：“亭外湖山依旧，看锦簇斜栏，烟芜蘸碧，胜迹几人思劫火；诗中灵沼曾经，忆霓裳倒影，羯鼓飞觥，浮名千古幻尘烟。”已经颇具文采与思想。

论起我与她的缘分，便是从那时开始。其后我也被高寒认成学习对联的老师，见证了她的对联创作之路。而她在湖北武汉楹联圈本就十分活跃，渐成中坚力量，无形中更加深了对联中国与湖北楹联界的联系。

时光荏苒，弹指七载。今秋某天，高寒告诉我，这些年她创作的诗词联足可以出一本书了。这令我颇替她高兴。这么些年，她的创作一直在路上，不曾放弃过，能守初心很是难得。我翻看着她发来的书稿，诗赋联文，诸体均有涉猎，异常感动于这些从心流淌的文字。

她的诗“清”。这些年来，高寒写了不少近体诗。据她说，学诗也是从2016年开始的。读她的七言或者五言诗，我能感受到一股仿佛清泉一样流动的气息。这就同她的性格一样，不扭捏，不张扬。诸如她创作的《过江夏小朱湾有怀》：“青庭碧瓦景无瑕，春至江南逸韵赊。犹恐匆匆诗不逮，三分落笔瘦莺花。”把对春天的怜惜表达得清新自然。再如《东湖雪中梅园》：“冬日一园雪，群芳匿树杈。纷纷何所似，点点白如纱。玉骨沉香冽，凌风疏影斜。平常皆俗物，呵手近梅花。”尾联两句，虽略直白，但将对梅花那种清雅之怀的向往很好地体现在笔下。再如《步韵王永江<登东湖行吟阁寄武汉诸友>》：“朋侪追慕复来吟，烟水苍茫更细寻。浦屿遥怜香草意，蒹葭想象美人心。无妨劫后荷如病，所幸眼前诗转阴。他日依然湖上约，不教五月落花深。”步韵之作，能够表达十分自然，亦是难得。

她的联“雅”。对联在她的这本书稿里占据了最大的篇幅，而她的对联涉及贺、咏、赠、名胜、杂缀等各个题材，充分展示出这些年她在对联创作上所下的工夫和取得的成绩。纵观她的联作，我用一个“雅”字来概括。“雅”，即为“端正”。只有取法乎正统，方能得“雅正”。此亦是对联创作非常重要的要求之一。看她的《贺荆楚联坛开通》一联：“是崔颢遗怀豁目之楼，郁郁晴川，岂仅大江浮暖日；占屈原呵壁问天之地，渊渊学海，早知斯楚有新材。”以崔颢和屈原两人扣住斯地斯情，可谓稳切不移。而结句“早知斯楚有新材”虽未出新，但用在此贺联中亦可谓“冠冕堂皇”，完全立得住。此联在我整理 2016-2021 对联中国百人百联时作为她的代表作品进行了收录。再看《贺白老雉山先生九十华诞》一联：“论诗曰雅，论联曰贤，踞楚江力振唐音，后学早钦之，文著亭台堪载道；近竹惟闲，近菊惟隐，尊泰斗天贻福嘏，曷言今老矣，寿逢海屋又添筹。”高寒在诗联圈人缘颇佳，深得老一辈楹联家、诗家奖掖。她与白老堪称忘年交，而这副贺联便能读出她对白老的敬仰之感。再看《汉口江汉关》一联：“八百里申江遥接，相怜租界经年，著外域风情，行船商贾繁华似；三千履汉上留连，莫问诗心几许，伴钟声汽笛，渡鸟夕阳适意看。”我时常认为能否写好名胜联是验证一个人创作水平是否过关的重要参考，因对联又称“楹联”，本就是以挂于诸如名胜等地而为名的。看此联写汉口江边，上联状其形神若沪上外滩，下联则化用刘长卿诗句“汉口夕阳斜渡鸟”为己所用。可谓自然而然，情景、古今皆交融。

她的文“真”。此本书稿还收录了高寒的几篇联论文章。读其文章更如睹其人，得一“真”字。无论是鉴赏别人的联作还是剖析自己的创作心路，都可以从中看出她的真情实意。真诚，方得包容、得接纳、得融合、得进步。

正如她在《浅谈对联构思》一文中所写："对非小道，联本大观，对联虽然两行文字对应排列，其包罗万象，诗词曲赋中所写的任何素材皆可进行有机组合，兼收并用。我的体会是入门须正、立志须高，不仅要学习历代名联佳构的技法，更要有讴歌新时代、新事物，抒发爱国主义情操，同时不断深刻阅读，以提高对联鉴赏水平，才能创作出上乘之作。"这样的认识质朴而真挚。只有认知无偏差，创作才会走对方向。这七年行来，她潜心学习钻研与诗联结下了不解之缘；而很欣慰的是，我们因为诗联也结下了不解之缘。这何尝不是人生路上美好的风景呢！

此番受邀为高寒诗联集作序。谨以上述文字作为我对她的创作的浅见。更祝愿她在未来的一个又一个七年里，更加深爱创作，继续"我手写我心"。

2023 年于京北回龙观 时过寒露

诗词选

绝句

过杜甫草堂

茅屋清幽径，花溪映竹枝。
往来多肃穆，间有朗吟诗。

夜读

反侧复无眠，泠泠檐下弦。
起而吟子美，诗共雨声咽。

江滩即吟

月到天边探，一江灯火暗。
霜葭渐白头，船笛时而淡。

初五拜财神

老矣几堪怜，少无心长大。
吾今不乞财，惟乞人安泰。

记自助餐停电

无计去还留，汗珠额上头。
两厢遥对望，趁此烛光柔。

赠友

昨夜到明星，痴痴洗耳听。
当时应有月，照见我忘形。

旅途思念

秀色遍琼中，江城四月同。
叹今无所寄，听海一湾风。

无题

醉里人行晚，低徊顾影长。
朦胧灯火外，月色杂星光。

吟友小聚

热酒自来臻，从唐侃到秦。
不求成圣手，惟惜爱诗人。

题英山红色园

云涛林壑聚豪雄，肝胆曾经出此中。
待到君家登顶看，旌旗红映杜鹃红。

贺东湖诗社戊戌年座谈会胜利召开

江北江南大会师，试茶邀饮恐来迟。
遥知雪霁年丰足，不负微寒一首诗。

悼王群老首长

先生乘鹤别郴城，岁末连宵风雨倾。
敢问苍天何太急，两江悲泣不成声。

徐明庭老九秩荣庆

洗耳恭听胜读书，地方史志串成珠。
今时举座高朋集，寿酒频斟颂九如。

题新洲紫薇园落花

一自迁家城外头，朱颜尚带旧娇羞。
想君应在山中老，身许飘零韵独留。

过江夏小朱湾有怀

青庭碧瓦景无瑕，春至江南逸韵赊。
只恐匆匆诗不逮，三分落笔瘦莺花。

踏秋云雾山

小径清风竹影斜，云山僻处隐人家。
为消疲累柴门叩，老妪殷勤邀试茶。

黄鹤楼放歌

白云相引古楼登，豁目抒怀第几层。
隐约歌声游客住，拍栏可是我诗朋。

长江横渡

斜阳一抹半江红，投入清凉怀抱中。
我唤诸君悠着点，此时正好诵毛公。

探母

最是今冬寒信晚，将归故里急登程。
停车已惯窗台望，听见娘亲唤乳名。

原韵奉和王惠玲诗姐《中秋望月》

守得云开宝鉴悬，桂枝江上影娟娟。
家乡一样清凉夜，是否重霄同此圆。

步韵郑信谷道长《壬寅谷雨仍滞疫中不能雅集》

问从何处动漪涟，隔雨江南隐洞天。
纵使清修违一课，他朝再补叩于前。

题王昭君

剑戟销声五十年，娇柔亦可息烽烟。
世人皆叹明妃美，谁记琵琶涕泪涟？

有感学诗二年

又至深宵枉读诗，人情世事不知之。
明朝敢问归何处，两载凝眸付一痴。

诚谢

归来不觉景凋残，海色江天一例看。
我亦何能君惦念，从今咫尺说心安。

夏日闲茶

饮露餐霞瓣瓣鲜，苦甘滋味漫流连。
分瓯更有清疏雨，一捧浮沉一捧烟。

遇见沟渠

为溉青苗活水开，居邻活水信招财。
不知蝌蚪初生未，斜日晴妆玉镜台。

雪不遂人愿

江城昨夜雪徘徊，三二经由湖上台。
料得诗家深惋惜，北风吹折几枝梅。

咏荷

世态无常辨不真，欲攀仙子醒凡尘。
柳塘叠叠青红处，一众唯君爱煞人。

题梅

暗香风引小园东，雪缚疏枝花竞红。
彼意如何酬旧好？宫妆额点古人同。

咏桃花茶

皆嫌梁肉喜纤腰，昔有东坡远乞苗。
上品无须多少瓣，馨香一路到杨桥。

题向日葵

大川茗海紫黄收，野陌葵花最是柔。
为报游人看来好，依依几度怯低头。

题蟋蟀

清风白露薄衣侵，别鹊枝头秋半临。
一夜繁弦催急箢，他乡不忍此悲吟。

探梅

春访梅枝苔未干，江风瘦柳带清寒。
我怜花处花怜我，开到浓时转怕残。

游园

惊蛰一场春兴开，阳曦着意染红腮。
与诗修得和颜色，不信无花悄赠来。

夜读感赋

日长秋浅奈何天，一卷诗书读忘年。
楚水吴山非属我，云游故纸踏名川。

中秋节感怀

三五月来无有诗，聊将一阙话相思。
可人都向蟾宫赋，独我今宵欲寄谁。

七夕感怀

寒蝉白露渐知秋，看月都来强说愁。
我羡神仙原不老，一年一度碧霄留。

遣怀

心事年来暗结愁，殷勤怕付水东流。
佛前许下千重愿，莫使花期到暮秋。

平安夜无诗

平安夜里话情痴，霜露无声月挂枝。
借得良辰拼一醉，为卿画次柳弯眉。

绮梦

未许深情不著言，盈盈紧握手余温。
孰知半夜昙花梦，烙上心头浅一痕。

酒醉

酒渍衣痕诗里收，酡红面染几多愁。
渐浓时淡三千梦，不信觉来事竟休。

调侃古时文人

薄暮小园秋意凉，搁书离榻觅幽香。
侍儿搀起浑无力，恹恹阶前看海棠。

澳门观赌

赌神赌圣擅筹谋，赌茗赌书称一流。
赌誓难分真与假，赌钱犹恐兴难收。

律诗

赋得武汉东湖习莫会

荷盖恰田田，烟光四月鲜。
个中消俗虑，方外结机缘。
文德由来盛，邻邦聊复牵。
描凭神一笔，余韵更绵延。

贺松滋市诗词楹联学会第二届大会成功

桑园香暗袭，秀色在荆城。
水得山而媚，茶因雾更清。
长川酬远梦，古邑载嘉名。
浓墨添华彩，白云边上菁。

原韵拙和白老《于汉上酒店老成都》

一席长谈罢，酒欢人不孤。
馁才开境界，老凤敞怀珠。
虬干红梅绽，阴霾白雪除。
新年期愿景，明净遍京都。

贺汪中华先生荣任武汉诗词楹联学会副会长

举坐投青眼，纷纷一等看。
论名知俊彦，处世尚儒冠。
武可沙场见，文能诗苑安。
扶摇千万里，君志任鹏抟。

湖北楹联学会洪湖采风有感

葱郁藕和凫，畅吟生态区。
延安传到处，文化播沿途。
屋瓦多翻古，园田半嵌珠。
依稀清水浪，不逊洞庭湖。

鄂州市二零年庾楼中秋诗会题《吴都古韵》

极浦人何在，客思苏子章。
经年杨柳绿，终岁大江狂。
履迹从樊口，吟声过武昌。
登攀我同古，月出转清凉。

己亥《长春观谷雨雅集》

山色到中庭，双峰翠作屏。
云边浮紫气，殿里悟玄经。
茶热心尤静，诗成客共宁。
超然仙阁外，一抹晚天青。

己亥《景行书院》邀月台赏菊

吾意非能至，吾心久仰之。
高山怀往昔，嘉菊赏应时。
邀月楼头客，结庐篱外诗。
已然冬已近，纷说冷来迟。

题黄石三华生态田园有限公司花卉厅

难得消闲日，与招生态家。
香浓分四序，富艳在三华。
种德何如玉，养心唯有葩。
市廛居也久，及此问桑麻。

致敬母亲节

乐承温婉意，辗转奉娘亲。
百岁能多少，八旬知几人。
腰弓弓似月，发白白如银。
半世吾何幸，任由萌懒嗔。

癸卯季春拜望尊长

诗涌千千万，关心问几何。
一襟留笔下，一念出山阿。
漫道冰晶玉，也曾风雨磨。
支天如立柱，酬奉愧无多。

戊戌年正月初六偕诗友小酌吉庆街拈得“安”字

远芳妙契看，吉庆助文澜。
花月城南岸，春烟江上滩。
不闻歌向晚，但觉酒驱寒。
浅醉擎杯颂：新知旧雨安。

祝某画展在汉成功举办

四月值春浓，一时儒雅汇。
楼台隐古风，山水余清味。
写意尚堪奇，从戎何足贵。
挥毫落纸间，犹带英雄气。

咏东湖绿道

且乘休闲日，单车酣畅行。
惠风堪洗肺，春色足怡情。
夹岸粼粼浪，环湖比比英。
武昌多学子，约伴出书城。

丁酉元夕偕诗友贺铜人像先生寿诞

寿诞逢元夜，人潮入画屏。
半城灯绰约，一盏月清宁。
君子长如水，投缘不计龄。
偕观千火树，移步百花亭。

丁酉偕诗友游晴川阁

才登黄鹤楼，又上晴川阁。
雨后对江流，阶边听雀跃。
德传大禹功，名借崔诗作。
劫火记前番，往来云淡泊。

与友人“黎黄陂路”文化街品茗

离离秋夜凉，漫饮老时光。
几点霓虹远，半壶滋味长。
问猫何侧耳，可是爱诗香？
聊向酣然处，店家催打烊。

海口夜话

闻香俗累删，聊可大安闲。
灯火缠绵夜，飓风别港湾。
谁曾愁逆旅，日暮念家山。
极目无穷尽，不能一日还。

大冶茗山行记

炎炎任暑烹，十里读书声。
访水青荷立，听蝉远树鸣。
先贤多底蕴，后学愈丰盈。
福地淳风厚，花乡醉一程。

丁酉咸宁之行与诸友拈韵得“水”字

隽秀四时新，淦河招雅士。
汤泉入夜闲，竹肉加餐美。
桂渐隐余香，山初铺绛紫。
初冬唱不休，一曲穿城水。

有感便民露天电影

银幕发奇光，溽蒸江北岸。
灯遮月不全，柳倚风无半。
憔悴客为谁，欷歔情已乱。
人间戏一场，何必他人叹。

邀诗友夜游汉江拈得“徐”韵

饮罢乘游艇，霓虹碎影虚。
意深情款款，杯浅步徐徐。
天外灰霾拢，江心小雨梳。
未逢花月夜，兴味总难如。

武汉之旅分韵得“口”字

长衢通汉口，往复神仙友。
青草发诗心，沧江垂岸柳。
晴川阁在旁，鹦鹉洲于右。
饮醉不思归，花朝春半酒。

小巫峡大佛

一佛垂眉坐，巴中物竞荣。
云低山叠嶂，峡险水清缨。
古道苍苍迹，高猿杳杳声。
归人何所虑，眼净自分明。

小巫峡山猴野趣

峡壁野丛生，游人嬉几程。
一江流月色，万壑泻春声。
白也扁舟咏，杜曾樽酒倾。
物华奇绝处，呼啸活名城。

辛丑访白兆山李白文化风景区

一

雨后呈幽境，寻踪仙气沾。
沿阶泉洗耳，掩石树垂帘。
遥想诗人瘦，翻令酒盏添。
蓬转兹别去，未肯兆山潜。

二

地迥到诗仙，一鸣惊动天。
空山幽僻处，涓水阒寥穿。
饮者知何似，奇才出自然。
我来惟扫石，坐对诵遗篇。

访大悟金岭村

水墨知谁画，远村浓淡妆。
雾云横翠岭，木叶掩红墙。
感此英雄地，正奔富裕乡。
流连痴野陌，忽雨助清凉。

东湖雪中梅园

冬日一园雪，群芳匿树杈。
纷纷何所似，点点白如纱。
玉骨沉香冽，凌风疏影斜。
平常皆俗物，呵手近梅花。

江夏小朱湾闲吟

再度一何痴，菲微梦雨时。
池中花几发，尘外步三思。
自在翻陶圃，清空就孟词。
村鸡浓淡里，恍见凤凰姿。

题海口

极目风烟净，忘机春日长。
银滩波卷雪，沧海鹭牵航。
古是南蛮地，今为候鸟乡。
来途浑若梦，兴味满行囊。

海口午茶

贪此清新气，涛澜云白天。
馨香侵两袖，浓荫覆双肩。
汤茗斟犹醉，椰风熏欲眠。
慢生活中悟，与海续前缘。

记友人邀歌

可否不来么？已然八点多。
经年难得见，旧友苦相磨。
时近清明节，偏闻老父歌。
灯摇瑶台夜，由任泪滂沱。

咖啡馆独坐

消磨掌上瓯，乱绪锁眉头。
抱枕独无事，焦糖可解忧？
年关还在即，喜信又来收。
暖味融香味，问心何所求。

微信圈

晨起一瓯茶，低眉从大家。
江河犹可测，墨海独难奢。
孟夏风薰渐，虚窗日照些。
浅尝忘輒止，跌入伪繁华。

登山感赋

峰高始信难，默上岭头看。
棘接虬枝老，石堆枯水寒。
庵堂思万绪，世象问千端。
隐约霜鸦唳，远途终不安。

冬至友人小院即吟

整日只吟诗，今逢未许迟。
茶香清小院，圃艺掩疏篱。
节律终须换，韶光难再追。
一园何所契，最合浅描眉。

游泳

久闻游女思，谁复摇兰桨。
风疾掠千重，浪回翻十丈。
忘机鸥鹭闲，得趣鱼龙往。
所向水之湄，长歌江矣广。

江滩夜茶

招邀江月夜，举目叹空虚。
疫隔箫声绝，秋深槲叶疏。
一厢浮井市，半里掩蓬庐。
倘使佳人至，白瓯香有馀。

高铁途中闲吟

梓乡幽与闷，风雨助萧条。
阿姊怜其妹，吟诗瘦了腰。
便辞黄鹤远，想见白云招。
窗外斜飞翠，闲过第几桥？

赠山水友人

粤地扰叨陪，清欢事莫猜。
佛光涵古意，山色蕴奇才。
坐对三君子，饮须一大杯。
我携江讯至，不带雨愁来。

初秋

窗外几蝉声，噪如三伏暑。
空调吹未停，书卷翻无绪。
江映火云光，树祈秋露雨。
相看惟有猫，不得盈盈语。

秋兴

不复萧条意，登临爽气来。
半江虹影落，一岸狄花开。
鸟啭风携远，舟飞浪送回。
莫言秋色老，块垒尽销哉。

秋鸿

徒欲张飞翼，哀声只影单。
霜频凋木落，雨紧著衣寒。
苍海波澜壮，峭潼崖壁难。
秋风何太急，征路几多宽。

岁末寄语

暗里磨棱角，仍为狷介人。
由来心匪石，自此梦纷纶。
问水苍茫处，焉知不是春？
生涯浑未觉，岁序又更新。

立冬有寄

晴川芳树寂，烟渚对斜阳。
渔逐千波水，芦飞满鬓霜。
琴音曾指上，雁信复何方。
时序随移换，莫教诗入凉。

雨窗心事

心力沉迷累，料来诸事偏。
一筝流水曲，弹作镜花缘。
旧稿情寥落，新诗意纠缠。
惟期窗牖雨，毋扰夜难眠。

有感视频赋诗一首

江湖深几丈，淼怒卷惊湍。
应似蓬山远，何劳蜀路难。
一丸清老火，半夏止忠肝。
我纵心无鬼，终须羞面看。

题酒

浅杯人自醉，余味最绵长。
袅袅绯红态，娉娉钿翠妆。
歌从山对面，鸟戏水中央。
附耳呢喃语，陪君三万场。

地震一瞬的哀伤

漫道张三李，想来心未已。
天公皱皱眉，世上休休矣。
我辈若虫沙，江湖忘彼此。
纷繁梦与怀，何足垂青史。

新中国成立七十周年礼赞大武汉

七秩脊梁撑盛世，江城后发敢为先。
人文合与民生系，科技从教国祚延。
古往今迎涛迭迭，远来近悦鹤翩翩。
欣闻汉上旌旗展，恰是三军论剑天。

雨中谒辛亥烈士陵园

占尽湖山看楚才，况兼豪放与谐诙。
聊呼国父铜人像，敢说陵园六大堆。
烽火当时尤想象，精魂至此久崔嵬。
谁怜冢下青年骨，雨外无声似有哀。

题起义门（新韵）

楚望山头徐乘步，依稀炮火有余痕。
当时痛饮黄龙酒，一夜狂飙起义门。
诗撰碑廊铭壮志，功存圣地祭英魂。
沧桑过往百年后，青瓦重檐卷翠云。

题闻一多

天下疮痍不忍游，回疆勒马与分忧。
切肤之痛鹃啼血，割地之伤笔试牛。
襟远当能匡乱世，才高亦可补金瓯。
几闻慈母殷殷唤，赤子言归泪染眸。

缅怀陈昌浩将军

将军功过费吟哦，戎马生涯劫难多。
兵败高台留憾事，血流西路黯关河。
衣冠冢里英雄远，鼓角声中老泪沱。
纵使沉冤终得雪，奓山一谒起悲歌。

题吴运铎

陋室磨成三尺剑，功高卓著胜戎臣。
曾将生死置云际，未若伤残惜此身。
铁壁雄关依旧壮，军工大业焕然新。
倾其所有忠于国，感召江山几代人。

纪念北宋宰相冯京诞辰一千周年

书台作别动京师，斩获三元两美眉。
拥宋怀忠今共仰，建功平叛史传知。
才人奖掖殊难得，文简谥封众不疑。
千载潜山明月照，梓乡广受雅风滋。

贺第二届中国对联高峰论坛在灵宝成功举办

一丸横阻水兼山，蔽芾留人岂等闲。
昔日干戈销紫塞，今兹名士叩函关。
楼台花草看何厌，曲水风流去复还。
但得甘棠枝勿剪，岧峣仰止共跻攀。

怀念皇甫国校长

清酒樽罍共仰叹，音容每忆起波澜。
先声不碍白头振，后学从来青眼看。
万里忠贞趋战马，一身文雅誉吟坛。
念曾分韵黄陂处，化雨春风再沐难。

依原韵拙和白老《谢常江先生来舍枉访》

碧空云影及风开，南北遥连此会来。
乍见之欢容动矣，美谈而后泪垂哉。
时逢楚渚分秋翠，目极晴堤似雪皑。
卅载襟怀同脉脉，一生道合一登台。

原韵奉和王永江先生《登东湖行吟阁寄武汉诸友》

朋侪追慕复来吟，烟水苍茫更细寻。
浦屿遥怜香草意，蒹葭想象美人心。
无妨劫后荷如病，所幸眼前诗转阴。
他日依然湖上约，不教五月落花深。

魏小乐先生相邀品尝汉川榔头名菜

一川风物久牵眸，童梦萦纡未足休。
幸有文章传梓里，况多豪杰立潮头。
仙山所蕴三千士，汉水其经百万舟。
此会新诗补遗憾，乡关除却更何愁。

贺姜彬先生新屋祖堂落成

粉墙黛瓦似曾逢，俭朴传家祥瑞通。
聚宝一潭华屋外，接山千叠画屏东。
无尘好读陶元亮，有荫多承姜太公。
最是田园诗妙境，梅花入枕北窗红。

赠诗警楚成兄

马上扬名自古多，男儿有志不蹉跎。
惟期路畅腥风少，所愿民安淑气和。
法与柔情双砥砺，诗同正义两相磨。
堂堂担负催吟咏，一曲高岑边塞歌。

原韵奉和汪新军先生《六十初度》

月儿今夕约时圆，浮白无妨赤膊前。
饮罢添香扶翠袖，歌来仗笔著先鞭。
八千猛志谁同并，第一风流孰与连。
花甲良辰争顺颂，寿追彭祖福齐天。

迎新雅集感怀

曲自悠扬兴自高，盘歌箸击乃吾曹。
等闲旧岁轻飞箭，凌乱新词小试刀。
杯莫停兮情若水，月休窥也面如桃。
今宵且借刘伶醉，梦里来撑范蠡篙。

庾楼赏月

吴城广宴话中秋，值此良辰诗酒俦。
冷翠西山云淡淡，晴空汉水鸟悠悠。
逍遥太白曾吟笔，谈笑周郎屡顾眸。
一月人间终未负，清光留客上层楼。

偕东湖诗社诗友访黄陂二程书院

争羡双星筑鲁台，前川一望半红堆。
仁从滠水分流去，理自高山仰止来。
花气氤氲闻鸟语，柳丝缱绻到茶杯。
摊书石上摩挲罢，肯信先才启后才。

长春观戊戌谷雨雅集

劫灰几度亦如初，古观长春闹市居。
阆苑分明邀月补，山川叠翠待风梳。
情知扰攘红尘外，道化迷蒙真善余。
恰似青莲一隅立，星桥又步悟清虚。

参加长春观辛丑谷雨雅集活动

碧云寥阔楚天晴，照得诗心一点明。
寒退先教杨柳密，暖曛已觉布裙轻。
满堂佳境疑仙在，万古幽怀守道清。
为悟眼前微妙处，白莲时有淡香迎。

壬寅年武昌长春观雅聚

世尘纷乱总无常，未肯逢时诗酒狂。
海外频仍生战事，华东辗转失孤芳。
坐中惟仰清流客，论及非关名利场。
漫道春初人懒散，澄虚一晤或成章。

原韵奉和郑信谷道长《癸卯谷雨雅集》

雨骤仍然欢喜心，花香解愠送阴沉。
无他妄念风和月，得伴清虚昨与今。
廛市生涯终不似，林泉幻梦总难禁。
尘劳未许诗怀减，恭向长春寄一吟。

访黄梅五祖寺

逢双节日上禅楼，山外追云随处悠。
佛祖应难除却孽，钟声或可了清愁。
翻思苦语多颠倒，再拜虔诚半且休。
今我登临轻一瞥，鬼神原在自心头。

——佛祖曰，远离一切苦与颠倒。

题黄陂古镇食府

山水馐肴捷足尝，知音四五浅飞觞。
行吟古渡蒹葭白，远望前川粳稻黄。
瓦罐悠悠腾紫气，锅巴淡淡溢清香。
从兹梦里知何味，老灶烟中最系肠。

访大冶东方山

久闻其厚此登山，七八良师半日闲。
泉石流中迷倦客，竹林深处悟禅关。
时逢草木疏疏色，秋望云天朗朗颜。
漫道长途幽与寂，若非清峭不来攀。

过江夏龙泉山有感

数龙盘结翠绵延，春许云招客袖牵。
正值湖清堪泊月，适逢山静漫听泉。
小莺恰恰疏花外，旧殿斑斑密竹边。
壁上文章看未足，轻声莫扰九王眠。

题黄陂花香茶谷雾凇

苍茫天地谁雕刻，有许多年未细看。
折竹依稀横去路，赏溪容易起微澜。
不曾飞絮千冰挂，犹复馨香一袭欢。
山冻云晴春更近，傍人小雀醉高寒。

注：有喜鹊一路随人鸣唱，祥瑞之兆也。

谒钟子期墓

集贤村落古贤寻，桃柳夹堤遍洒金。
樵径徐行犹解意，烟汀伫立已倾心。
千山墨染疑为画，一水弦流宛若琴。
莫道难逢操缦客，声声不绝有馀音。

端午吊屈原

角黍雄黄向汨罗，每逢佳节起吟哦。
美人香草孤清质，长剑高冠遗恨歌。
浊世难容忧故国，愚臣以死报山河。
怀沙别去诚难挽，万顷汤汤逐逝波。

桴院观荷

世上犹钟守节人，娉娉一瓣识天真。
自从炎夏滋生梦，便出淤泥未染尘。
翠盖时舒求小隐，清涟偶濯认前身。
知交岂独鱼和鹭，但有冰心择月邻。

东湖牡丹园

借春移步闲亭外，草木葱茏入画堂。
京邑当年争赴会，玉鞍歇马醉吟章。
诗中叠叠千层碧，指上柔柔百簇香。
国色花王名误我，但随莺啭约梅郎。

原韵拙和傅占魁老师《丁酉初春吟》

最是今春花气香，十重烟景渐销霜。
竹风清处云舒卷，杏雨浓时笛抑扬。
大梦常存偕意远，初心未改并诗长。
但看梅苑传佳话，留取些些锦绣章。

原韵奉和黄小遐先生《题璲园》

桃源已驻楚云间，江畔行吟襟抱还。
小隐时亲沧浪水，归来不羡敬亭山。
春花秋实依三径，修竹垂萝窥一斑。
案牍从今无所累，半耕半读寄馀闲。

丙申黄州偕王琼诗姐游赏遗爱湖

江山毓秀蕴黄州，客里寻芳深浅秋。
断续蛩声云杪阔，参差竹影篆烟柔。
会心湖畔吟坡老，交酢农家谢故俦。
古韵长廊今入驻，潮音不竭涌清流。

偕海口师友作客海景壹号拈得“疑”字

归从海景那开眉，自上高楼望所思。
簇阁朱花殊不假，沉杯碧影更无疑。
付将潋滟三千梦，奉与沧溟一阕诗。
欲问重逢复何日，几闻飞鸟步迟迟。

探母

岁暮风霜人畏之，莫教返哺报恩迟。
平生着意多行善，世事何曾美过诗。
叹母泠然添白鬓，惊儿倏矣换青丝。
当前有福能围坐，灯火可亲叨絮时。

咏蒲公英

飘零莫问几回眸，非絮非花转瞬秋。
时见江南青伞小，宛如掌上美人柔。
红尘有恙心相济，白首无涯梦未休。
一入苍茫风借力，道长且阻任沉浮。

咏荷

翠盖亭亭在水湄，湖山入画古今痴。
泥尘不染生柔性，佛镜无瑕扫淡眉。
访浦而来三面柳，依亭以咏半城诗。
熏风过处千红举，更上兰舟月未迟。

江滩信步偶得

浅白深红巧剪裁，画图门户为谁开。
鸟鱼翔泳三千浪，草木香生十里台。
傍水而居人易醉，临风及上我重来。
后花园内同呼吸，更美江城例可猜。

旅思

薄衣行旅向天涯，行到天涯不是家。
风静船头追鹭鸟，草深晴上裹春纱。
徒经万里逃尘想，妄自千回醉月遐。
闻得吾乡冬渐至，江城雪后发梅花。

病中答烟雨江南

孰料浮生深入戏，酒诗不逮两消磨。
吟些病句空劳力，检点前番已烂柯。
黑白无常眉上染，紫黄难辨梦中过。
那方良友如相问，我遇痴情也泪多。

有猫的日子

一朝得遇两相牵，人事纷纷懒不前。
最是纯真红粉爪，竟如灵巧白狐仙。
声清任自朱梁绕，气定由他高枕眠。
鼠沸江湖安用捕，偎依与我读诗篇。

返汉后诗友接风

步履江城日渐斜，西窗漫话只长嗟。
藕丝依旧牵连否，秋水何曾隔断耶。
经雨之前深惜惜，历霜而后澹些些。
今冬记取街心处，恍惚年青捧奶茶。

有感友人赠蟹

九月诗秋本觉凉，频仍检疫止飞觞。
浇花事后青狸弄，问字功余玉茗尝。
坐久心思唯碧蟹，淡空人负是潘郎。
知君一骑原怜我，高格菜根终不香。

题春

落笔悠然新岁涂，遥看草木渐开舒。
沾衣湿鬓轻飞雨，点翠描红浅覆庐。
更有虚檐传燕信，已闻稚子读诗书。
一年只待春之首，好事农桑挥挂锄。

立春

家家祈福道丰年，乐岁枝头色愈鲜。
瘦影幽香梅破几，浅吟低唱柳垂千。
亲朋合宴分杯酒，老幼倾巢放纸鸢。
自此方知春好处，风催新绿雨酬田。

元宵节赏月不遇

江天隐隐数声雷，绚烂烟花隔网猜。
雾锁前川斜小雨，风柔野渡湿青苔。
上元灯外人空许，老柳梢头月不来。
漫道声希年味淡，又看巷陌紫红堆。

庚子立春

蓬门久闭静无尘，江北江南一夜春。
汉上萧疏如伏魅，街头远近不逢人。
心无鹤梦称归隐，诗困蜗居说避秦。
最是情多推布谷，夜长难耐啭喉新。

武汉疫中记

宅家多少事离奇，五十余天懒画眉。
追剧逃书腰未瘦，粗衣乱发眼犹垂。
绝非元亮贫无酒，多似少陵嗟有诗。
梦底长将香辣涮，疫中巧妇以何炊。

简煮时光

熏风解意漫清和，荼靡花残零落多。
笺字何曾愁外拟，月窗依旧梦中过。
才从早市赊春味，待引黄鹂向我歌。
智齿于今根了却，烹茶正好小诗磨。

夏日私语

我非浊世情多客，枉自忧君清瘦肩。
消夏参差葱郁郁，看街过往兴翩翩。
安于一角成逃避，寂到无声以保全。
思绪都来知几许，此生空负不修禅。

词

原韵奉和刘征先生《水龙吟·贺中华诗词学会成立三十周年》

诗翁赤帜高擎，乾坤遍唱迎新曲。湘江染黛，苏堤吐绿，杏花飞雨。感卅年间，一觞一咏，笛歌穿户。看忧襟名士，遄飞逸兴，佳构集，应未足。

千载但凭豁目，更而今，植根疆土。云庐几案，轻匀墨笔，弄章裁玉。慕李青莲，描王摩诘，追怀老杜。向书丛远处，韶光惜取，长风趋，同心赋。

原韵拙和白老《丙申国庆雅聚感赋》

雪立程门古有哉，愿能佳气豁云开。文章而外不疑猜。

雅韵相承彰大纛，菁莪遍种启蒙呆。殷殷后学过江来。

清平乐·原玉奉和高志文女史之长春观谷雨雅集

春初杳去，鸟啭浓荫处。风遣闲愁知几许，湖歇一时梅雨。

未妨前事迷烟，心香久慕归田。望里浮云扰扰，惜花人晤青莲。

鹧鸪天·贺中部名居家私广场开业

座上觥筹意未休，歌诗舞袂自风流。新商独立龙阳道，旧棹曾兴鹦鹉洲。　　飞篆笔，举金瓯。你方唱罢我登楼。东南巨镇由来旺，厚利清名一并收。

西江月·师友雅聚以各自姓氏入韵

诗外麦花香软，画中布谷音娇。纵然双鬓已霜毛，趁此清风袅袅。
惟恐欢情盏小，不辞竟夕声高。闻君尚有美醇醪，约个时间讨扰。

临江仙·鄂州行

梁子湖中吟赋，松风阁里寻游。料来际会妒吴侯。斯情诚可醉，此景自勾留。　　千古英雄安在，一程雨后清幽。长堤趁步远凝眸。萋萋江渚上，滢滢水东流。

江南好·吹笛山

笛飞动，独立雨霏微。小榭依稀梅落处，香风宛转雪沾衣，旧姓几曾归？

浣溪沙 · 梨花院落

野径山溪过白云，回廊燕雀啭清音。闲书一卷隐凡尘。
卧榻晴阳慵懒懒，游丝花絮坠纷纷。梨香院落渐春深。

西江月 · 梨前横笛

问取黄鹂音信，唯余紫燕茅檐。春愁一曲最相关，暗里飞花逐远。
古渡粼粼垂柳，前方郁郁斜川。孰知已被雾遮山，玉笛清扬似叹。

虞美人 · 闲作赏花人

踏青要趁云晴好，物换迎春到。问谁轻抚面儿红，更遣新莺几树脆鸣中。　　数桥天堑知多少，休道通途小。江拖绿带蕴无穷，遥见轻舟波上影朦胧。

山花子 · 枯荷

无力风霜何耐秋，消残红碧半池留。影顾沉沉凭立尽，枉凝眸。
漫道枯荣闲话事，人间诉与亦添愁。不信寒塘听雨处，意难休。

浣溪沙·无题

频蹙眉蛾不忍看，衣衾何耐夜轻寒，一轮皎皎近阑干。
蛩响草间添怊怅，蕉声窗外惹嗟叹，怎禁春又几回残。

浣溪沙·夜读

倏尔年光半百归，衰将不肯瘦三围。何多梦想已皆非。
书搁聆听人独坐，春临怕读燕双飞。屋檐余沥湿心扉。

西江月·若老之将至

江岸蒹葭乍白，路旁梧叶清凉。当年行履总匆忙，今日边缘遗忘。
那肯闲抛岁月，怡然饱览风霜。茶温不必蹭冬阳，古韵新醅浅唱。

临江仙·集贤群小暑雅集

藤椅街头销永夜，高谈半是才雄。雅人于右美人东。酽茶收激愤，佳气退颜红。　　自古忧怀皆寂寞，真心无悔穷通。漫将余绪月光中。听声蝉噪静，疑与去年同。

鹧鸪天·见江滩芦苇地松土戏题

喧闹城中数亩田，春耕谁识执牛鞭。纵教泥土翻成垄，毕竟芦花不似莲。　　随曲径，到平川，惜无一处属天然。亭台水岸搜寻遍，幸有黄鹂啭的圆。

鹧鸪天·贺知否才女诗社成立五周年兼缅怀李清照

金石良缘漱玉词，襟怀别是一家师。气同苏子名俱秀，才比辛公语愈奇。　　知否矣，信如之，何曾婉约逊须眉。深闺代有三千出，笔里烟霞梦里诗。

水调歌头·壬寅二月师友雅集以各自姓氏为韵题“集贤”

春日心何往，拟把七贤招。梅樱渔笛杨柳，声色各妖娆。闻道瘟情趋缓，更有同侪折冠，岂肯不夸豪。况结烟霞侣，块垒借杯浇。　　抚琴音，斟茗碗，引香醪。歌吟佳处，放眼同看亦矜骄。汉上人稀将晚，江上风熏初暖，照影月儿高。但愿尘羁少，得似竹林陶。

沁园春·戊戌立春感怀

福祚频来，方驻乡间，又送宅门。看冰魂雪魄，檐边嘀嗒，天柔水暖，陌上氤氲。听鹊江滩，饮醪小巷，到处晴妆待发新。流年度，念诸般过往，残鬓慵身。　　堪怜世事纷纭，可还有当时点点真？幸诗中四友，案头一卷，风花以缀，梦笔长勤。但许炎凉，各怀傲岸，惜取眼前别样春。虽初探，信梅疏柳密，次第缤纷。

高阳台·咏梅兼赠傅占魁老师初度古稀

积雪初融，虬枝焕发，东湖草色新晴。乍暖犹寒，芳苞渐次成形。追随林鸟飞旋处，绕小桥，步暗香亭。画屏中，绿萼妆凝，烟水波盈。　　谁曾玉笛频三弄，若仙风傲骨，处士高情。为护花人，相知鹤子梅卿。不劳诗笔夸颜色，纵万年，怒绽奇英。绾东君，修得梅心，何负梅名。

满江红·登仲宣楼

翘角朱檐，斯楼上，驻留行脚。余晖下，墙垣倒映，云霞堪濯。记取先生慷以慨，遭逢况遇寥而落。凭栏处："吾岂是匏瓜"，悬无着。　　波浪去，孤帆泊；胸襟远，长风掠。望茫茫岘首，顿生仙觉。何日登临长一啸，古今酬唱聊相酌。待归来，再捧仲宣诗，浑如昨。

古风

寄友

夜半风兼雨，卧听何所为。
敲窗弦管急，入骨暖寒知。
平白流莺谤，直教泣涕垂。
人前凭落落，意里恐迟迟。
昔日缘青目，倾情举玉卮。
今朝堪瘦影，伏案寄新词。
已见千山碧，尚余一片痴。
感君深厚谊，怎允许轻离。

女红

我读一行字，君织一行情。
愧无描春手，庸线懒针名。
昔逢乞巧时，漫听婵娟语。
敢将玉指夸，暗把嫁心许。
鸳鸯结成扣，花轿不日迎。
莫忘公婆奉，持家调汤羹。
衣缝密密处，为盼吾儿荣。
古今多类似，读织何营营。
二者无优劣，意恐负约盟。
我向云笺寄，君凭机杼声。

戒烟

燃支毒洇开，幻像无殊异。
既非为名高，也非为货利。
感念回眸顾，从此更何亲。
朝未香离手，暮犹红点唇。
予心与彼意，相爱相憎过。
温柔夺其志，吾命休矣么。
今番作别离，桃笺如晤面。
三愿两能同，不同梁上燕。

庚子武汉疫情纪实

楚天妖肆虐，诡异扑长衢。
江水悲歌起，英雄武汉乎。
前方闻我子，上阵有吾夫。
袒露愁防护，奔忙在社区。
他乡亲与母，隔向梦之隅。
念念团缘酿，盈盈浅笑沽。
封城如腕断，禁足类刑拘。
食乏应能惯，价高安敢诛。
黎民轻若此，毒疫折何辜。
万户霜添鬓，千家痛切肤。
死今难入土，魂自远登途。
多少苍凉泪，化成零乱珠。
祈教澄澈馥，为使故园腴。
九域支危局，八方销隐虞。
公人听号令，医者献良谟。
捐物慷而慨，倾囊步亦趋。
春风资浩荡，霖雨佐昭苏。
援助心何暖，虽怜意不孤。

楹联选

祝贺联

庆祝中国共产党成立一百周年

巡天探海，国是其兴，忆逐浪红船，百载春秋歌伟略；
致富脱贫，民心所向，仰凌云黄鹤，九衢荆楚树高标。

喜迎二十大精神谱系之抗美援朝

非吾好战，战必扬名，浴血拒强权，军威已雪百年耻；
以义相援，援之有道，同心凭聚力，国运长筹万世宁。

喜庆七一

七月焕青阳，好梦将圆，民乐争祈绵国祚；
九霄浮紫气，生机渐满，岁丰更祝达天年。

贺香港回归二十周年

紫荆披雨，赤帜凌风，廿载繁华趋鼎盛；
南海为唇，珠江是齿，一衣带水蕴情深。

题北京冬奥会

燕京格调，奥运精神，值新年春酒以迎，足令远客先娱目；
嘉会同襄，和平永固，凭热血严冰而释，多感健儿未折腰。

题武汉第七届世界军运会

彰异采三军竞技，将圣火点燃，礼邀天下；
息干戈万国登台，纵锦标待卜，敢为人先。

贺湖北省楹联学会六代会召开

名楼昔日画图新，落五月梅花，合九州吟赋；
楚地今朝文脉盛，蘸双江碧水，续千古佳联。

湖北省楹联学会成立三十周年志庆

群贤国粹悠扬，山水同吟，琴台故里邀知己；
卅载联旗漫卷，风骚独揽，黄鹤楼头论楚才。

贺湖北省楹联学会第六届四次常务理事会隆重召开

天地助才思，劳白云寄慨，黄鹤兴怀，曾招珠玉三千履；
江城得襟抱，以流水铺笺，高山着墨，再领风骚五百年。

贺武汉诗词楹联学会第七届理事会胜利召开

延江正草色花英，雅会独供，满城香溢吟春盏；
望楚多风流才俊，豪情更续，七届薪传击壤歌。

贺对联武汉公众号开通

巧安排学子百家，稽古唱今，竞倚马才雕龙术；
聊供与诗材一地，寻幽览胜，正梅花发白雪纷。

贺荆楚联坛开通

是崔颢遣怀豁目之楼，郁郁晴川，岂仅大江浮暖日；
占屈原呵壁问天之地，渊渊学海，早知斯楚有新材。

荆楚联坛六年庆

两行藻采，根抵为求，遂尔博其文约其礼群流广纳；
六载耕耘，规模亦定，因之以我手写我心一脉昌延。

贺河北省楹联学会八代会胜利召开

循斯文唾玉咳珠，两行集胜流，高冈鸣凤知慷慨；
扶大雅抡才树德，八届开新运，沧海抟鹏看纵横。

贺沧海诗社公众号开通

我曾越千山证，狮踞龙襄，情志叨陪何有幸；
社合宜四月名，李秾桃灼，文光迸射自无涯。

题中国楹联论坛

淹留龙虎厚深兮，无日不凝眸，谁在吟山，谁在吟水；
止步楹坛何久矣，一朝犹放胆，吾将忘我，吾将忘情。

贺北京诗联天下文化有限公司创立

学以正为师，一味真源臻李白；
演而优则导，五湖大业比陶朱。

中国楹联论坛成立十五周年贺

十五春护筑燕台，其才济济；
万千柱恢弘文脉，兹德汤汤。

贺中楹社区公众号创办一周年

效骚大雅，并辔而行，衔以名川，拾其香草；
至夏生辰，传觞即贺，绿分杨柳，黄点枇杷。

贺东西湖区诗词楹联学会成立十周年

大道何孤，十载诗骚凭引领；
群贤毕至，两行文彩竞交辉。

贺灵宝诗词楹联文化三进活动荣获全国终身学习品牌项目

福千家看洛水更起文澜，民风独占；
兴三进培桃林而抟丽藻，善德争夸。

大冶市创建国家森林城市

畅春风水澈山明，由来山蕴金铜，水招祥凤；
施膏雨花逢人笑，自此人延福寿，花沁诗肠。

贺《楚商风采录》出版

一编如兰畹琼琚，看江关商贾雄深，文风俊逸；
万古有龙章凤藻，随楚渚高山雅赏，流水幽寻。

贺对联中国公众号创办八周年

九流旨趣，吾道有容，天北地南，群伦荟萃；
八斗才情，诸君莫吝，江倾海啸，一泻从横。

贺湖北省楹联学会女子工作委员会成立

文似雕龙，必说一番长辫子；
曲成栖凤，来看百个美娇娘。

贺荆楚诗钟社成立

雅将遗响承江汉；
势欲新音破楚天。

贺随州女子诗联社

咳唾成珠，其气宛如兰静挹；
韶音载梦，此情犹胜水温柔。

为乐居老年公寓撰联

终老依山，乐为濠濮客；
延年傍水，居似武陵人。

贺神龙小学开学典礼

天道酬勤，十载萤窗从跬步；
光阴不负，一朝鹏路砥中流。

贺李进才教授《李进才诗词集》出版

于黉门治学有方，尚德尚功，遍植杞梓三千众；
存大雅吟哦不倦，如磋如切，再鉴圭璋八秩春。

贺白雉山老《烟雨阁竹枝词集》出版

修身以善道为凭，独发诤言，清奇乃见仙风骨；
立著得源流之要，纷披妙绪，俚俗允称诗史篇。

贺罗炽教授《羡云居诗词选》出版

堂堂仪种雨耕云，庠序分辉，志以立言江汉远；
上上境联珠缀玉，芸编汲古，文因载道岳峰高。

贺《诗韵江城》出版兼赠半山公

翰墨分香，一编风雅知名士；
吟坛补白，三楚湖山慕诗人。

贺段维教授当选湖北中华诗词学会会长

歌吟泽畔，赋醉楼头，吾道此不孤，古有长风留楚地；
绩著黉宫，名喧海内，骚坛幸何事，天将大任与斯人。

贺段教授荣任中华诗词学会乡村诗词工作委员会主任

擎旌纛隐其未隐之时，昂藏间振臂一呼，试看群伦并起；
赋田园闲与谙闲以后，疏朴外耕桑万顷，会当九陌同声。

贺皮公治洪先生再添龙孙

值三春瑞气频添，仁术家风，曰济曰扶长衍福；
逾七秩天伦乐备，书香门第，允文允武更贻孙。

贺李福林副会长喜获湖北省第四届最美优秀文艺志愿者荣誉称号

助人之谓福；
莳树以成林。

贺刘老云亭先生《翰海回眸》在鑫东生态园首发

解语如沐以座上春风，百事随和，千言向善；
回眸似翻将胸中瀚海，一编高韵，九秩雄文。

贺林看云荣任河北保定市徐水区诗词楹联学会会长

来往大梁频，徐水听澜，论古纵横千载上；
唱酬尔雅众，吟坛撷玉，看云静艳半边天。

贺游义云先生丛书三本首发成功

守义宽怀，声蜚楚地；
凌云大笔，翼寄高天。

贺曹志明先生乔迁之喜

传家有缚虎襟怀，直教此志图南，其心臻上；
卜筑恰烹鲈时节，且就黄花佐酒，明月题诗。

题咏联

自勉

积于广处山般厚；
修到定时水样清。

无题

看涛坐到风烟静；
遥岸别来花鸟鸣。

自嘲

一点清狂凭汉水；
九成执拗仗诗书。
横批：十分圆满

岁末感怀(集句)

插花意气狂如昨；
过眼诗材懒到今。

偶感

人之病曰欺曰妒苟能立世；
古者言无癖无痴不与交心。

新年寄望

雪从梅树抱，待江山月洒，不负清寒，独留别韵；
春向柳梢归，借桃李花开，长销块垒，广结善缘。

我的二零一九

营巢凤鸟，不过一枝，久伴有良人，共老少常安，诗书静好；
浮世声名，无求多誉，新年迎祉福，愿春花浅笑，茶酒香温。

自题

暇时捧卷，徜此间忧乐相关，与答对月初三寒意；
醒后补光，期他日清虚笃定，不屈迎龄望五生涯。

岁末感怀

浮世每荒于琐屑，歌哭无凭，算几卷残诗，几多锦字；
流年自持以率真，扶颠不倒，听一番益友，一众诤言。

题过年

世间盼离少聚多，乡梦融融，最关情闭肆访亲，开樽敬祖；
天下看南来北往，云程历历，凭放眼八方通泰，万物复苏。

偶题

咏雪絮心之所向，淳于质更讷于言，十亿人中，纵少鹤姿惟一例；
待黄州谒罢而还，涉以江当携以酒，五三载后，偶留鸿爪自多娇。

有感学成联两年

吾原拙讷，性更痴顽，半生耿耿始终，莫过如课子读书，无复馀情近糟粕；

时以狂歌，偶行独往，两载拳拳俯仰，都付与奇峰黛壑，惟期彤管见嶙峋。

童年感怀

垂髫昨是，白鬓今非，忆穷村迥陌相连，齿及八零年，梦自斑斓祈长大；

语燕堂前，青藤屋后，时捧卷忧伤弥漫，缘知七三一，世何离乱哭嚎啕。

自嘲

经济文章，由来不解，说甚么绿绮琴，掌心舞，漱玉词，拙讷难为赋，废弛难以言，双鬓堆秋徒尔尔；

泼天富贵，无可奈何，休羡他陶潜柳，范蠡舟，谢公屐，离披亦赏花，酩酊亦持酒，九渊识履尚谆谆。

生日答谢

智者乐水，仁者乐山，欲下笔成诗，汲汲千行循谢屐；

诚心知人，谦心知己，愿诸君与我，如如一例到彭年。

自寿

蝶梦闲情谁得似，契予心白鹭苍葭，与世无争斜照水；
兕觥介寿气相投，知彼岸红鲈碧蟹，有朋放胆正凌波。

题河北沧州南川楼

何必羡名楼，到最上层，风烟俱净；
会当携沧酒，望无边处，仙祖如招。
匾额：青苍醉目

题黄陂二程书院藏书楼

悟道参经，索典亦曾探二酉；
识仁穷理，登楼更自仰双星。

题武汉月湖公园月云亭

月驻千年聆古调；
云归一棹动清漪。

题东西湖群力大队昌家河牌楼

接天光瑞霭萦纡，瓦黛砖青，人家也古；
依地脉晴波涵润，钟灵毓秀，基业其昌。

题鄂州西山拥翠亭

禽鸟相闻，万绿丛中容小隐；
松篁合抱，一泓亭畔共清谈。

题鄂州华容公园永福亭

人心乐善，天之佑福；
山水清嘉，凤自来仪。

题应城义和镇匠心文化园四能堂

世相迷津，因儒守寂；
家风正道，藉忍修仁。

释迦牟尼之四能曰：能仁、能儒、能忍、能寂。

题黄石三华生态田园有限公司西门

其乐陶然，观鸟观鱼无物役；
所谋卓尔，建功建业有人知。

题黄石三华生态田园有限公司紫藤花架

有情翠鸟穿长蔓；
何事香风揭绣帘。

题大冶徐太庄山月居门

富川之北、樊水之东，辟一角园林，钟灵毓秀；
秉善其行、务心其本，开万间广厦，敦睦承先。

题大冶徐太庄永泰堂

楼宇融威仪造化，碧瓦朱甍，看四维水与增清，山与增厚；
祖风衍德业嘉名，垂祥纳福，庇千载天之许泰，地之许安。

题大冶徐太庄修竹轩

礼易诗书，尚德能培佳子弟；
虚怀劲节，修篁好荫雅门庭。

题大冶徐泰祖屋

水光云影之华，助楼台远引龙、高引凤；
礼易诗书之道，传子弟温如玉、耀如珠。

题某中学古建长廊

黉门纳诸子，囊萤映雪；
他日赴琼林，画栋雕梁。

题长坪胡门楼

秀水灵山扬大纛，新乡呈瑞色；
经风历雨铸丰碑，旧址焕荣光。

题泰隆银行

贷存双获利，诚之则泰；
家国两同春，恒者犹隆。

题某公园逸趣亭

湖波摇漾外；
柳色袅婷中。

题某公园长廊

斜月上时人坐久；
春波涨处燕来频。

题某中学

德筑根基擎广厦；
才生羽翼奋长天。

题某中医院门诊

杏暖仁深，春风四面；
泉清道正，和善一堂。

为某酒店游泳馆题

有志者图南纵北；
弄潮儿舍我其谁。

题某公司佛圣堂

蔚奇才自擅经营，圣范佛光，千尊俯仰；
臻妙艺为凭远拓，贤名德业，万里扶摇。

题五期二组花非花门

明灭之时，枯叶渐离，春去岂非如幻梦；
苦寒而后，暗香来袭，花开便可得良材。

题黄鹤楼酒业有限公司

嘉业壮老字声名，百载耕耘，长江碧浪推帆远；
清醪蕴古楼风雅，一番豪饮，黄鹤白云醉梦初。

题湖北鸿儒建筑工程公司

从宝构识英才，信之天道酬勤，功名赫赫云中鹄；
至雕甍论气象，恒者商场秉正，事业煌煌宇上龙。

题教师节

论师道之，曰经横绛帐与时新，勤无废事，敬有慑心，十载挑灯黄卷苦；
登斯堂也，唯天下苍生为己任，正以衣冠，率其子弟，百年莳树栋梁多。

题汪集鸡汤

宝鼎合馐肴五味而烹，得名之古性之纯，曾招邀杜牧分茶，苏公佐酒；
吾乡与汪集一江相隔，欣物之丰民之乐，犹想见阿婆持灶，稚子温书。

题水月山岚图

拂尘水月自阴晴，眼前过冷溪，看缀些松竹盈阶，白云封户；
招客山峦转葱倩，坐上添珠履，吩咐来茶烟几瓮，黄鸟一声。

题段惟教授拂尘园瓮栽太空莲

如仙子飘然遗世，敛袂云沈，瞻仪态雨洗则清，风皴则紫；
对濂溪慕者何人，辟园手植，净尘氛朝修其道，夕坐其禅。

酬赠联

赠半山先生

齐名将赤胆忠心，攘臂一呼，记当年出仕持廉，从戎秉正；
比圣贤扬帆浩海，怀才八斗，看此际潮头彰纛，笔下蜚声。

赠傅占魁老师

躬耕不倦笔消磨，植十万梅枝，亭外平添风雅韵；
荣辱淡看心坦荡，傲三千岭雪，诗中自有谪仙才。

赠段维教授

庠序堪教桂子山，薪火相传，曰镂穿金石，曰领引潮流，合当此志真如骥；

生肖与共朱洪武，襟怀远识，或潜向骊渊，或凌于云气，自问原身可是龙。

注：下结源自教授《放牛娃》一诗“冷丁念及朱洪武，自问原身可是龙”。

赠康永恒先生

任山重山复余绪微澜，皎月难忘，为访名师千里越；
值江北江南春风又绿，古楼更上，与知黄鹤几时归。

赠王永江先生

一

同辈唯文章事业相期，早闻骥子才名，兼备鹓鸾襟度；
平生以山水亭台所许，赋罢京华秋月，再添楚望梅花。

二

声名传网络，藻翰发花香，细端详格调老成，世上几人堪伯仲；
邹鲁继儒风，京城添气韵，遥想见俊才年少，古来一等胜公侯。

赠长春观吴诚真方丈

澹月镶玄门至净，异代契仙姑，道学相传，十方救苦鲲而化；
福云兆祖业中兴，同宗仰庄子，瀛壶在望，万古思齐鹄者图。

赠长春观郑信谷道长

操觚惟适意当先，吴历一程，楚历一程，黄卷自逍遥，东壁灵光云澹澹；
逃世以无名是务，佛参十载，道参十载，红尘原寂寞，南华胡蝶梦蘧蘧。

看图戏题金锐主任

集大成俱美质良材，百年出异人，惺惺者花香莫帅；
曰富贵必冰肤雪貌，一笑逢知己，款款乎张越于丹。

赠陈佐松先生

仁以为友，义以为兄，十载同舟，江湖幸得友兄与；
放不负诗，狂不负酒，一雄踞楚，名利难教诗酒睽。

赠鄂州吴幼鹏先生

百二里吴头孰堪敌手，举联旌砥砺而行，篮荜开山谋有责；
五千年芹泮辈出新人，固根柢勤劬以授，春风播雨植于心。

赠书法家李福林老师

鹅经续一以贯之，每自辛勤，几案晴窗供静乐；
鸿爪留百年易耳，倩谁宴坐，名山宝墨佐清谈。

赠娄希安先生

拿云之志，步月京华，天付昂藏高八尺；
立雪其情，问津楚望，诗凭傲啸小千山。

赠李颖尧同学

清以来与汉口并称名镇，遥是同窗，引为知己；
诗而外居心头自有湖山，从逢妙手，例证奇葩。

赠严朝红先生

世传君子德，自立自强，谨守纲常修品性；
门衍古人风，尊师尊教，喜看麟凤振家邦。

海口之旅与诸友拈得“疑”字

我自江城循胜迹而来，对千里青崖促膝，骇浪分襟，曷疑酒友非诗友；
人趋海市拟偏安之想，看一隅鹭鸟相谐，机心俱剔，直把他乡作故乡。

贺游泳冠军汪顺

飘飘然或蝶或蛙，认取头筹，青春水上花飞溅；
飒飒者如龙如豹，飙驰电激，盛宴场中梦纵横。

贺白老雉山先生九十华诞

一

傲骨虚怀，古人焉让，耸奇峰三楚生机，看吾道何孤，汉江潮涌斯文盛；
谠言清论，贞介不移，凭养足一身浩气，令时贤争颂，烟雨阁绵福寿长。

二

论诗曰雅，论联曰贤，踞楚江力振唐音，后学早钦之，文著亭台堪载道；
近竹惟闲，近菊惟隐，尊泰斗天贻福暇，曷言今老矣，寿逢海屋又添筹。

注：白老博客名曰“少不如人今老矣”。

贺联界泰斗常江先生八十华诞

拥庭岂椿桂延年，寿酒浮香，有麒献瑞；
授业知梗楠成厦，坫坛流响，如凤鸣冈。

贺彭延安先生七十华诞

胜酒仙倾西江北海；
祝君寿并东岳南山。

贺世界著名哲学家成中英先生米寿

学涵中外，道执中庸，迁地犹能安楚老；
乐备天伦，勋闻天下，承家应不逊苏名。

贺魏老辉泰先生期颐华诞

德艺文章，坫坛已识无双誉；
神仙人物，海屋还期八百春。

贺湖南蒋昌典先生八十华诞

先生以诗画怡情，耄岁犹勤，且向名山分一席；
翌日逢女神佳节，寿觞同祝，更如桃面占三春。

贺河北魏秀琴女史父亲七十大寿

感生辰时遇新中国，因此歌，因此蹈，也因此情深，看举国同欢，东海南山祝耋老；

与令爱神交方寸屏，羡其志，羡其才，更羡其温婉，允隔屏遥敬，金椿玉树颂期颐。

贺董文学尊堂大寿

上来王母称觞，气韵精神添矍铄；
间有时贤颂德，持家教子乃从容。

贺陈佐松先生六十二生辰

卅一年经济，卅一年文章，逾花甲二年，遂修成太白其狂，东坡其旷；
三百场笙歌，三百场觞豆，值榴红六月，早兼备潜山之秀，汉水之清。

贺温本理先生生辰

介寿许添八百春，得彭铿垂福；
文才试比三千子，与孔子同源。

贺香港霍婉雯女史生辰

天独厚其才学，比清照何如，许卿世上尊名宝；
情长蹈以湖山，更东坡一阕，有我望中擎寿杯。

注：苏东坡《水调歌头》嵌有乘风高寒网名：我欲乘风归去，又恐琼楼玉宇，高处不胜寒。

贺筱虹女史生辰

藉一番珠海威海，四海卷恩波，彤管匀分仙界气；
缘几度惜花问花，百花祝眉寿，美人占却世间春。

贺张旭丽女史生辰

楚乡名士半为邻，共祝芳辰，正旭景称心六月；
溪树汀葭皆与契，吾知清雅，有丽人在水一方。

贺严朝红先生六十生辰

三千桃李尊，悬车纪天下栋梁，蚁酒半壶眸已醉；
六秩琴诗伴，击棹歌世间山水，骥程万里笔尤雄。

贺李晓艳社长爱孙周岁

有芝兰瑞气盈庭，宛转题诗，仰承周雅；
喜麟凤娇孙绕膝，咿哑学语，乐享天伦。

贺涂光雍教授、邱君女士喜结连理

共祝双星，同携百载；
榴开绚烂，卺饮微醺。

贺张少林老师、菊嫂喜结连理

谓足矣佳人得遇，如鹤在林，松风贯耳；
共陶然白首相盟，思莼爱菊，家酿温情。

贺王永江、张彦婷喜结连理

王郎酬燕客，名噪北江，琴瑟和鸣情永驻；
张妹引文鸾，诗题兰桂，娉婷醉彦爱长春。

贺魏新周、孙文雅新婚大喜

瑞雪题成，证关雎良缘胜侣；
黛眉画就，作鲲鹏奋北图南；

贺友人家侄儿、侄女婿新婚

桂酒正生香，如花美眷；
梅心初入梦，似月柔情。

贺中国楹联学会肖良平会长女儿肖菲、女婿钟博新婚

百里名闻，扫眉才子；
三生夙契，举案良缘。

贺如月公子、儿媳英山深圳联姻

白首相偕，夙志千峰飞骥足；
红绳永系，巹杯十月祝鹏城。

贺辜瑞琨、朱悦大婚

咏雎鸠自有安排，益助郎才，益彰女貌；
到白首只如初见，永谐凤侣，永订鸳盟。

贺彭凯先生、明辕小姐新婚大喜

一夕一朝订举案之盟，彭祖延年，凯风送爽；
三生三世娱画眉其乐，明妆筑梦，辕马当先。

赠高考学子

十载鸡窗，原期此日飞腾，笔下破题，看翻江水；
一朝鹏路，不计昔时辛苦，兹当启口，既发雷声。

人物联

题荆楚楷模. 刘亮

法不偏私，于情于理；
身其独慎，在细在精；

题荆楚楷模 · 乔富粤

传正气播清风，至诚至信；
秉孤标承峻节，如竹如莲。

题荆楚楷模 · 孙玉晴

虽无十月怀胎，抚育恩情诚报答；
纵是经年负重，研修学业自从容。

题荆楚楷模 · 程桔

好青年不独爱国、不独爱家，乡人所盼所需，乃终生事业；
新时代合当扶贫、合当扶弱，故里一山一水，放别样光华。

题荆楚楷模·侯强

于志精诚，不轻一户放过，云山投递；
其心美善，但把三农撑起，老幼帮扶。

题荆楚楷模·王胜勇

独具包容，毋教歧视，袪疾持仁慈之道；
助圆好梦，乐引新风，树人放希望之光。

题荆楚楷模·唐生洲

守望卌年，除障甘当铺路石；
查巡万里，坦途犹慰倚门人。

题荆楚楷模·张翼

在伍每关情，急生民所急。
建园诚布局，安逝者其安。

题荆楚楷模·陈慧丽

尽职责于身，唯奉诚真，政窗标注新风尚；
架心桥与众，不因善小，公仆弘扬博爱篇。

题荆楚楷模·顾世国

顺应潮流，但把穷村变富村，炎帝故乡传志士；
弘扬传统，终教后进成先进，英雄旧址焕荣光。

题夸父

掷杖荫苍生，花若有知，且看祀享其诚，与精卫鸟威灵共著；
抠衣续未竟，死而不已，须信人神之志，并屈大夫愚愎堪怜。

题观音菩萨

如如不动，耳根何作外闻，五蕴皆空观自在；
了了通达，心境祈消尘厄，千光得慧济苍生。

题庞涓与孙膑

以奇谋制敌，何敌不摧？同室操戈，则风云色变；

凭正气图功，其功自显，马陵争战，悲妒者形崩。

题司马相如

识时务者乃俊才，或凭卓绝数篇，便看他南夷建业，西汉垂名，黄金难买赋；

问世间情为何物，惟此缠绵一曲，直教人绮户当垆，碧梧栖凤，白首不移盟。

题唐明皇

凋一曲羽衣凤阙独怜，溯离乱当时，豕突狼嗥，渭水血殷，巫山肠断；

矗三朝盛世龙韬各具，论励精之际，鸿觞燕藻，汉无以及，清莫能逾。

题安禄山

笳吹胡雪，戟断蓟云，巫蛊潜龙庭，一朝衽席君王侧；

犬马知恩，鸱枭无义，渔阳乱鼙鼓，半壁疮痍山海倾。

题朱厚照

延姬氏、陈氏分桃之癖，对累世江山，朱明后其局何为也；
与代宗、孝宗短寿相侔，论平生功绩，太祖前于心有愧焉。

题文天祥

谋远虑肩天下任，对存亡发古今音，岳鹏举乃前驱，为精忠，为报孝；
祭歌诗倚士夫才，留肝胆鉴君子勇，谭复生从后逐，曰取义，曰成仁。

题司马迁

博览广增于识，壮游吐纳于胸，绝响箴铭，一家实录缘千劫；
腐刑未易其心，富贵无妨其道，孤怀隐忍，百代高风有几人？

题孟光

拟歌还敛，欲笑还颦，莫不令仪，问天下儿男，几能抛舍如花貌；
低首是恭，齐眉是顺，匪惟悦己，恤古之枷锁，何肯闲吟丑妇谣。

题赵飞燕

妒极则宫闱祸乱，宠争则姐妹筹谋，子嗣无存，美人何忍成魑魅；
妆仪看鬓朵明鲜，舞技看掌心纤瘦，恩荣有几，国色由来附帝王。

题王昭君

窈窕息干戈，比貂蝉玉环西子何如，不独名姝，犹多胆识；
琵琶哀朔漠，算乐府琴操汉书粉饰，才离金阙，又陷樊笼。

题元好问

毋需重义轻周粟，将平生丧乱离忧，遴补金源史笔；
非独痴情哭雁丘，报故国孤忠直节，远承子美诗名。

题李白

三百场雅兴，其怀曰豪阔，其性曰清狂，其仪曰飘逸，其逍遥曰风月笙箫，原无论诗赋歌谣，俱逊于酒；

八千里行踪，所访在襄阳，所携在洛水，所谪在夜郎，所颠沛在江天云海，聊与说高王孟杜，独称作仙。

题王昌龄

同仕较高岑际遇何如，碧落孤蓬，过五溪寒雨樽前，冰心耿耿；
其名自秦汉书生坐占，黄沙绝塞，越千载楼兰月下，风骨巍巍。

题张九龄

其性在温，其怀在雅，文章事岂独浮华，继伯玉维新，诗风欲涤齐梁气；
所忠非附，所耿非私，宰辅臣最难远识，倘君王从谏，鼙鼓何殃天宝年。

题欧阳修

式风流闳辩雄辞，庶几能媲，至学曰精微，至政曰锋芒，至性在乎山水；
荐良器垂绅正笏，天下而忧，其匡如曾巩，其扶如苏轼，其思乐与斯民。

题宋江

始以谋财，既而夺命，辩形骸名节自当先，奇术笼人崇勇义；
阵前万马，箭镞双雕，附天道英雄叹无奈，曦颜削色赴悲凉。

题郑燮

一官蚤脱，三绝清称，喻竹兰挺秀坚贞，鸢都风骨扬州节；
诡怪示人，糊涂观世，合诗墨标新立异，徐渭鬼才元亮心。

题张之洞

从南皮莅鄂渚生辉，兴洋务辟黉门，大士冠裳，均沾两广；
恤海内与斯民造福，肆戎兵修吏治，中枢臣子，惟仰一人。

题汤鹏

屡多谤口，耽作高名，此狷此狂，时不予人，天不予命；
授以闲曹，难施大事，其才其志，古无及备，今无及为。

题洪秀全

揭竿源自布衣，纵十年斧钺交争，勋业何如明太祖；
诳惑岂安天国，教半壁风云突变，哀兵莫怨老耶稣。

题沈寿

描春凭妙手之功，仿西洋入画，凤鸟穿针，惊有奇才彰绣锦；
俗世为清名所累，叹人事易分，天恩不寿，忍教孤旐引香魂。

题张裕钊

南帖探源，东瀛衍派，独具一家，论声华孰与比伦，俯仰儒宗推楚地；
泮宫设帐，幕府抽簪，归来三径，料襟抱公应无憾，浮沈宦海避胥涛。

结句缘张裕钊诗：功名富贵尽危机，烹狗藏弓剧可悲；范蠡浮家子胥死，可怜吴越两鸱夷。

题谭鑫培

或苍凉调，或慷慨辞，亦或宗派别开，檀板锵锵，足以三千众倾慕；
是肇始人，是弘扬者，最是谭梅雅合，银屏熠熠，直须八百载流传。

题启功

幼蒙失怙，衰晚断弦，于遒劲毫端，心若月清，孑影风霜应有泪；
世识儒冠，人尊帝胄，恤青苍茔畔，公如魂返，旧时王谢不胜情。

题钱钟书

久闻谈艺录、管锥编，攸同中外，通贯古今，学者胸襟知广博；
初见曰贤妻、称才女，洗手羹汤，忧卿烟火，围城伉俪自深情。

题张爱玲

不必成名须趁早，算笔力斐然，谁曾诺绮梦留香，红尘静好；
休言至老莫还乡，纵门庭显赫，最难消人情冷漠，生死寂寥。

题周星驰

三千白发，第一风流，自许无厘头，化为百态银屏上；
毁誉分明，庄谐并重，早将新视角，融入多维妙境中。

题中国大妈

实堪怜辍过学，下过岗，历过风霜，始信生涯诚不易；
又何必扰于民，贪于桌，舞于晨夕，莫教老去世难尊。

题哥伦布发现新大陆

豺虎之贪，遂成霸主，源几番雪浪雄趋，拓境而分天下利；
曦轮所照，未福黎民，较七次天朝远震，居功竟冠海航师。

杂缀

题春风

东君有约争飞燕；
青律无腔乱扑花。

题三八妇女节

李花桃花三月面；
家计国计半边肩。

题冬至

节序催新历，凭几番舒柳飞葭，不日望中淑气勃；
乡关对故知，温一壶围炉促膝，此时窗外雪花轻。

题冬日小聚

类往古达人，兴动则围炉，谓之诗可，谓之酒可；
趁今时丽色，形忘而放筯，藉以哭乎，藉以歌乎。

题春游

虚亭四五不知名，正竹宇绿鸠，唤醒春事；
愿友二三长此乐，和琴诗初月，坐到黄昏。

题立夏

万树因风紫翠深，灼灼花间，侵香两袖；
一川近午苍茫阔，悠悠物外，纵我双眸。

题秋

晴川凋蒲，津渚流苹，几点归帆愁逆旅；
剑戟沉沙，琴台绝调，一行征雁落谁家？

题秋兴

登高或赋，怀古或觞，正天地澄明，恨不莼鲈偕旧侣；
才别暑炎，复来时疫，望江楼萧瑟，最难风月助玄谭。

题中秋

冰轮浮海岛，玉宇琼楼，相期月梦能长久；
桂子染清秋，篆香灯影，常叹霜华太瘦生。

壬寅秋游即吟

何至逢秋悲寂寥，卿可哦诗，非惟宋玉感时，少陵涕泪；
会当披月看摇落，我来对景，且就菊花簪鬓，桂子熏衣。

题雨水节气

行处茫茫苍霭散，滋几树薄红，早销残雪；
望中澹澹暖风收，抚一亭新绿，尽谢梅花。

题上巳节

流觞饮宴，祓禊登高，恰霁日清明，记得昔贤题序处；
溪水潺湲，花关曲折，趁春阳勃发，喜看情侣约盟时。

读《诏问山中何所有赋诗以答》

非关乎俗人，浣砚囊幽，坐亦著经书，行亦辨仙草；
独往来天地，酿桃醒石，俯之瞰流水，仰之揽白云。

读《白燕》

王谢堂前，梁园草没，叹素洁何栖，空中寥落翻飞影；
金樽好约，白刃难饶，避深宫猜忌，劫后长余战悸声。

读《回乡偶书》

多少年未改乡音，杖履步村头，有儿童问起；
浮沉事俱成旧梦，风云抛世外，作落叶归来。

读《五柳先生传》

人所贵行藏隐也，黔娄不屈一生，志在访庄，何曾贫贱忧心，荣华奔命；
性其真归去来兮，陶潜逍遥数亩，吟而逐梦，自适云庐把盏，秋圃题诗。

读杜甫《石壕村》

笔下疮痍，太息崤函夜，何堪苑废田荒，久绕寒鸦千槁木；
尘间苦厄，翻惊庚子年，漫道时殊事异，今撑俊骨几诗人？

读《兵车行》

谁谓诗家之幸，泣血鉴知，慨当时人恸马嘶，烽烟不散伤民瘼；
世原肉食者谋，开边横敛，想域外鼓寒霜重，骸骨难收为帝功。

汤显祖《牡丹亭》

梦千回摇漾春光，如花美眷，似水流年，都付与断垣低垛；
吟一曲坚贞儿女，海竭波澜，山空棱角，若这般向死由生。

题《出师表》

三分鼎报以忠、持以节，今古仰先贤，伯仲之间，徇义堪俦屈子；
一统谋闻其语、见其心，国家在元气，君臣之诺，托孤不让霍光。

题推恩令

诸子分封，以尊其本；藩王裁撤，以削其威。至贾生巨著鸿篇，社稷千年争捧足；

舆图永固，或集于权；战火渐销，或安于世。论高祖殊恩伟绩，江山一统拟归刘。

题昆曲

怀古看忠臣孝子，赏心看名士美人，藻采远凡尘，六百年从盛从衰，应恐广陵成绝响；

弦歌曰大雅之符，诗礼曰和平之表，春风拂南戏，七二变为时为事，遂教乐府发新声。

题岭南学派

穷仁理乃程朱别派，洙泗肇源，越秦汉晋唐，千古显垂传妙道；

辟支流允业在守先，顾存待后，推实新活变，大儒荣冠拜江门。

题 I am afraid

猜犹未可猜，恰飘絮春愁，隔江谁叩心门，雨伞间回眸的倩盼；

去也终须去，又落花时节，良夜卿归何处，月光下低首的温柔。

题蝉

骤雨方收，身慵翅倦；
空庭渐晚，语切声长。

题蟋蟀

一唱为欢，复唱催织，至思妇无眠，幽夜忍教凉枕簟；
怜之岁促，恨之梏羁，许樊篱而外，清秋不忌小情歌。

题猪

奉天下疗饥是义，飨饮是仁，便从数月生涯，引刀如是佛；
笑世人附势为名，趋炎为利，争得百年富贵，纵寿亦为夭。

注：夭即妖，借音对。

题羊

以温良死义而供聘享，虽羸角抵之，挂角避之，仍付与三阳泰世；
若生肖卜吉则枉聪明，想唐王殿上，魏王马上，概如他九福完人。

题金骏眉

偕烟云磨砺山巅，饮露餐霞，十分仙气；
修静好慵闲午后，红汤玉碗，一味禅心。

题棉花

仰素面凭由日灼，于陌于畦，千团挤簇成云朵；
作寒衣捻度魂销，毋矜毋慢，一片温恭奉暖怀。

题海市蜃楼

海境胜桃源，依稀里仕女崇廊，如真如幻；
仙乡终水月，霎那间黄粱美梦，渐远渐离。

咏柳

经微雨千枝暗发，灞水最愁情，弱絮轻扬犹怅望；
束细腰十里旧垂，章台偏负我，香词薄幸岂堪闻。

题残荷

霜催瘦骨，风散舞衣，天地纵无涯，满塘红翠留难住；
影顾沉沉，香归窈窈，岁时终有尽，一派荣衰歌不成。

题落花

白粘春榭，红补绣帘，顾影枉深情，骤雨回风一转瞬；
抱洁而归，持洁而去，浮生惟远寄，碧溪明月两相知。?

题桐花

压尾尚闻雏凤声，引梧枝万里丹山，试白描朱，缘为解语；
惜春偶作焦琴调，任尘世片时绮梦，销香减翠，独对知音。

题梅花妆

画染则由轻复浅，妆成则似蹙还颦，与清绝梅花，怜为知己；
倩痕留紫殿苔中，晕影留眉尖心上，从萎枯香草，空想美人。

题迎春花

二三月花蔓纷披，元知有梦当酬，待雪尽消，报千株玉；
百万根山川迢递，纵使无香可媚，占天之广，持九畹心。

题藕

于晚中浣月眠云，听深处横箫画桨，为挈一花，投身泥淖；
惟所愿连根并蒂，但挨过溽暑寒秋，虽通九孔，厌彼机心。

蒲公英

七八月田园畔独立娉婷，转眼因之白露秋，顾盼西风，来张羽翮；
数千年物我间同生呼吸，及身纵未名花册，幽微骨朵，也诩牡丹。

题夏日荷塘

一镜光浮，美人宛在，影覆华池，香分曲岸；
万花愁煞，名士独怜，激争鼓枻，清竞濯缨。

题千里江山图

少年本稀微罕异人才，问点绘谁精，惟吴道子难分伯仲；
当日非溥盛澄明天下，论铺排手段，较富春图略胜风骚。

题故园

大丈夫出则出矣，问半生剑胆琴心，异客异乡何所负；
泛梗者悲莫悲兮，偏一梦桃花渡口，那人那影不曾离。

题鹊桥

天上别离多，万古相思，值此金风渐起，玉露未侵，忍泪双流拥绛阙；
世间惆怅甚，九衢通达，也哀俗子无情，美人易老，回眸一似隔银河。

题公交车

有君子守恒守信之怀，风雨不违，弱贫得济；
若耕牛无怨无求之境，驱驰循道，负载关情。

题流浪地球

星球此劫，人类何艰，算几多屏息假以安然，问谁不是江湖内；
烈火中来，薄冰处见，有无数挺身难容待毙，抵死岂惟银幕间。

集句题秋千

彩绳芳树长如旧，有当年纤手凝香，燕子来时，残花巷陌；
傅粉何郎不解愁，这天气嫩寒轻热，姮娥何处，碧玉阑干。

题醉

发幽情瘦莫如红，非病是痴，依稀记清照绯颜，贵妃斜鬓；
传绝唱慷当以慨，解忧平忿，隐约闻渐离击筑，孟德和歌。

题风声

人间天四月，春解温柔，则许其入牖翻书，回廊啭燕；
尘外雨千重，秋知泠冽，故佐以呼山蔽叶，号水掀澜。

情人节题“等”

昔年一瞥动相思，春光摇漾时，归来底梦；
嘉节几回生怨念，灯火阑珊处，立到中宵。

题嫁

难全千古事，念当时月下柳边，珠还泪坠；
愿得一心人，好从此风闲烟静，饭煮茶烹。

题武汉热干面

湖资白水，江资活水，煮一碗香鲜，别样乡情堪饱腹；
冬有梅花，夏有荷花，融四时滋味，寻常烟火也销魂。

赞援汉医生

血肉束征袍，腥秽荡空，医者古来彰大德；
江城抬望眼，惠风吹绿，楚乡谁不感深恩。

疫中宅居感怀

时已负啼莺梅萼，雨骤风狂，切莫讶吟坐于晨，泣行于夕；
世当发忧国哨声，民防医济，都只缘死生亦大，良善亦存。

题健康

淡饭无忧，粗茶有味，避尘氛养拙藏愚，半俭半丰犹益寿；
幽篁坐对，明月吟邀，消鄙吝含虚凝澹，一花一叶自怡情。

题大象的旅程

南矣北矣叹流萍，更长吁族类日凋零，忍廛市圈山，棘丛飞箭；
乐之安之撑瘦骨，稍可慰家人今具在，便月光当被，露水佐餐。

题楚歌

一曲招魂赋，屈子秉高才遂见苍凉，终古郢中奇谲色；
寸心绝命词，霸王遇歧路徒生悱恻，至今垓下壮悲声。

题荆山玉

曩时独卞子不疑珍宝，已阅古阅今，惯看海内分争，王朝更迭；
此恨非女娲未识良材，论归秦归赵，终是掌间把赏，匣里沉沦。

题春秋越王勾践剑

仪妆国士，礼馈美人，宝匣久尘封，寒芒未与名俱灭；
水截蛟龙，陆屠犀兕，异材缘淬励，苦胆甘从耻后尝。

题长江白鲟

生而作弱水飘蓬，朝行白露，暮渡苍烟，八千里堤坝渔钩，遑论乐否及忧否；

死亦归沉沙埋骨，上并朱鹮，下偕赤豹，三百年文明轨辙，为问安欤是灭欤？

哀挽联

祭父亲

念严训恩深望切，往日尊前，教女养谦心、行浩气；
叹家乡物是人非，来时垄上，倚碑斜杂草、乱黄花。

敬挽袁隆平院士

心从餐饭思之，时小满青黄，海内即将仓廪实；
功在苍生惠及，悲大星陨落，陇西忽见雪花纷。

敬挽徐明庭先生

自此何人唱竹枝，捧持鸿著遗编，是前度刘郎，后来罗汉？
悲从楚地凋文宿，忆及先生雅范，若騃童逸趣，邻老宽和。

痛挽徐霁之先生

其劫重来庚子，其悲久驻清明，隐约啼鹃，几处春殇人有痛；
以丰并列前贤，以博同襄后学，迢遥驾鹤，一朝西去楚馀哀。

敬挽涂怀理教授

字遂平生愿，金榜情深，正待梅开人已去；
世无不死方，蓬山路远，那堪笛弄鹤难回。

刘太品先生千古

挽颓势蓝筚有功，九域扬名，难忘汉上流觞事；
陨大星蓬丘无迹，一朝撒手，痛失联坛举纛人。

敬挽强卫兄尊堂

有贤胤文章事业传承，亹亹衷心，犹有声名传渤海；
知母仪萱阁徽音足式，皇皇懿教，久闻麟凤起云霄。

敬挽白国成兄尊堂

仪范仰先德，讵堪五月啼鹃，碧艾红榴均失色；
嘉风衍后昆，争奈九天驾鹤，小山沧海尽含悲。

敬挽联友叶孤城老父仙逝

守廉洁美名传，永鉴初心，德望仁风昭后辈；
与令郎云谊结，骤传噩耗，楚江闽海共悲声。

挽吴花燕

贫寒乏食，义举捐躯，可叹微尘，花凋燕陨；
废疾谁怜，悲辛孰若，所期盛世，老养少扶。

挽海地被刺总统莫伊兹

跻身如肯尼迪一流人物，那堪外溃内讧，三遇刺难逃劫数；
邻海是美利坚万户繁华，讵料民饥已溺，国将倾待出枭雄。

名胜联

汉口江汉关

八百里申江遥接，相怜租界经年，著外域风情，行船商贾繁华似；
三千履汉上留连，莫问诗心几许，伴钟声汽笛，渡鸟夕阳适意看。

黄鹤楼

访古以兴怀，记亭榭笛吹，千载一楼归去鹤；
拾阶凭豁目，看画廊云卷，两江四岸久留春。

武昌东湖

行数步得清凉，但看青荷举水，碧柳呼莺，诸君莫羡西湖好；
溯千年承绚烂，遥思屈子吟歌，楚王击鼓，胜迹应教玉笛新。

鹦鹉洲

一篇赋才高诸子，灵鸟拟重生，看戛玉锵锵，飞鸣句句；
千余年月满汀洲，古楼须更上，正舳舻遥接，江水长流。

武汉大学落樱

目下无逢，倚山而靓，照水而灵，怎禁得风雨春归，琼树蹊中花事了；
人间有恨，黄鸟在枝，白幡在冢，最堪怜芳华疫虐，珞珈云外泪痕多。

武昌东湖行吟阁

此间惟月影一轮，鉴泽畔千年，冰心吟瘦；
隔岸有梅花万树，到江城五月，玉笛吹残。

问津书院

何去寻道脉真源，看南镶岳麓，北接应天，东襟白鹿，西峙紫阳。学林文海，延四方教泽宏开；奥旨微言，阐六艺儒宗肇启。危岩深壑间，郁郁苍苍，仰止同瞻推泗水；

我来趁湖山佳日，溯唐引樊川，宋逢朱子，明到伯安，清登香帅。竹影松风，立数仞宫墙再造；碑痕辙迹，鉴千年礼乐中兴。广汉永江畔，汤汤漭漭，往还未息颂荆乡。

恩施女儿城

烟村收八县，风物动九畡，待燕子衔春，好沉迷古寨门前，长坪郭外；
竹篓背多情，裙裾香一路，试山歌泛夜，竞婉转藤花深处，桃径那头。

三峡

高猿传响，雅士吟愁，十二峰名并九华，迭嶂耸云邀客棹；
浪势鲸奔，山形虎踞，七百里剑斫双壁，寒烟带雨入江流。

东坡赤壁

望长天岩壁，渐白露堆秋，才消纳三面竹风，一池烟水；
视宦海功名，如浮云过眼，问谁叹大江东去，乌鹊南飞。

咸宁横沟桥

天下知横沟者众，喜三农策惠田桑，春风在野；
邑人爱小镇其悠，看十里花开仙境，毓琇于庭。

大冶常春书院

古来尚礼之风，旧学传承，经史遗文香有味；
今复尊儒之道，新知授受，画堂高阁净无尘。

大冶徐泰古驿

当年歇马者谁，驿路崎岖，何妨暂驻片时，看楚山带吴，吴山带楚；
此际披衿之会，潭湫潋滟，或可穷幽千载，与今月论古，古月论今。

黄陂天堂寨

覆千章古木而幽关隘，神仙境若何，摩云绝壁俱争上；
跨多少身躯曾赴沙场，脊骨山如是，极目层巅自望南。

襄阳古城

斑斑迹脊膂城池，我辈亦登高，对岘首怆然涕下；
亿亿年山川草木，贤才俱往矣，似襄江渺莽东流。

黄州遗爱湖

四年游迹，十二画图，更寻来宝塔诗文，江壮潮音连赤壁；
禽鸟清啼，烟桥绿涨，还认取东坡竹杖，雨奇晴处即西湖。

洪湖乌林

江山论逐鹿，俱白骨堆成，何忍见赤壁战戈，乌林劫火；
日夜逝流波，算英雄淘尽，谁复吟小乔初嫁，公瑾当年。

湖北秭归

意在其中，对平湖潋滟，大坝崔嵬，更万千年巘叠江倾，四顾无殊摩诘画；

愁从何处，念屈子飘零，昭君迢递，复八百里猿啼雁度，独怀与共楚骚人。

甘肃祁连山

汉唐自此间观，忆驼铃丝路，羌笛铁衣，雪道空余马蹄迹；
景色唯天上有，看壑谷云低，草原花满，春风几度玉门关。

福建风动石

补天不济，立势不欹，伫东山冠甲一峰，摩霄摘斗犹缄默；
契鹭以飞，挟风以舞，支寸柱巍昂千浪，卷雪惊涛亦泰然。

陕西秦岭

乾坤涵佛性,日月蕴儒心,数千年厚地跻攀,一脉绵延历桑海;
汉水隔峭山,秦关接蜀栈,八百里遥天直插,诸峰俯仰拜炎黄。

西安沉香亭

亭外湖山依旧，看锦簇斜栏，烟芜蘸碧，胜迹几人思劫火；
诗中灵沼曾经，忆霓裳倒影，羯鼓飞觥，浮名千古幻尘烟。

西安大唐芙蓉园

复堂皇旧识才人,恍惚间金罍玉斝,翠幕珠帏,犹向李唐争气象;
近繁富空闻帝子,分明是上苑莺啼,瑶台花发,似同宫女说玄宗。

北京古北水镇

登高讴盛景，载浪泛篷舟，书院拱桥，疑将水镇当乌镇；
浊酒酹英雄，旧城听鼓角，襟喉要塞，唱罢阳关对险关。

上海迪士尼开园

作大国先锋，勇立潮头，十里洋场添异彩；
集西方精粹，纷呈海上，一园童趣证奇观。

上海外滩

百余年尽失主权，潮汐沉浮，久不闻纤道号声，劳工影迹；
数十里衍生海派，吴歌宛转，最难得霓虹绮色，广厦雍容。

江南

驿外落梨花，更旧履青衫，烟雨千重别黄鹤；
桥头移画舫，与箫声明月，春宵一梦到扬州。

杭州乌镇

淡然看枕水人家，翠染一渠，漫勾连青石街、乌篷棹；
灵秀是江南笔墨，屐声三里，重邂逅桐油伞、客子心。

杭州钱塘江

三江往矣客船声，有苏子行踪，想当年雨霁烟消，天下奇观，到得原来无一事；

八月其中豪杰气，料伍员忍廍，遣今日江翻雪卷，世间慊苦，呼号偶发怒千堆。

浙江三味书屋

孔孟以来遵古训，俨授受于堂，朴质布衣，读书只重三余味；
浙江其后曰名流，有摘章出世，遗风淑气，隔岸犹滋百草园。

浙江天目山

花木湿青阶，近看峰岚千叠，云鸟百啾，客上天池堪洗眼；
梵音沉黛壑，遥思宋士结庐，萧公隐世，人谙妙谛已虚怀。

威海刘公岛

桃源别岛，蜃雨峦烟，有鹭鸟歌来，骋目恍如仙界地；
一战威名，千军遁死，向甍帆影外，看涛翻忆礮雷声。

云南泸沽湖

云横汀浦，月印波心，卧偏陲绝涧苍崖，南蜀遥连八百里；
望处经幡，吟边春酿，引故旧扁舟缓桨，西湖略逊二三分。

昆明杨升庵祠

有徐霞客比邻一院中分，俎豆馨香，对百里滇池，羁旅游踪双俊逸；
与苏东坡同唱大江东去，蛮荒穷域，历千番谪放，文章直节两风流。

衡阳来雁塔

作砥柱孤身天地，凭山水簇拥，北接洞庭，南襟衡岳；
引慈航独立苍茫，任暑寒守望，看帆远去，待雁归来。

岳阳君山

遗爱满潇湘，数千年人世沧桑，客履轻沾斑竹泪；
浮槎过荆楚，八百里烟波浩渺，仙云久驻秀山峰。

新疆古楼兰

张骞西出，玄奘东归，远矣千年，念当时丝路驼铃，无尽弦歌沸樽酒；
金鼓声悲，黄沙气暗，付之一瞬，忍此际残垣断壁，何来剑杪挑云楼。

兰州白云观

毗黄河紫霄缥缈，飞阁逶迤，浩浩千年消五浊；
瞻吕祖梵相无为，乾元有始，绵绵一炁化三清。

青海三江源

昆仑山摩天耸峙，黄河水激浪奔腾，入海经川，肇域文明源有自；
党项羌笃信相通，格萨尔吟篇不绝，圣幡高塔，灵台阊阖契于心。

儋州东坡书院

载酒堂有吾辈纷来，置身古朴通幽，恍当年鱼鸟亲人，桄榔倒影；
南蛮地乃苏公所启，极目儒风丕振，看此后华章出海，名望立山。

惠州西湖

宦路类萍蓬，所到处倾囊济困，炎瘴扫腥，自始无人轻粤海；
天公怜客子，遂卜邻禅寺晚钟，烟波岚影，不教孤月冷卿魂。

山西汾阳王府

华甍醉汾晋繁华，唐溯千年，亦复檐之碧，瓦之朱，春风尤带酒香过；
苍冥恤郭公忠勇，位高卅载，而因臣不非，人不嫉，青史未教姓字空。

旧金山唐人街

为利从无辞万里争流，异域星霜，百年独立，记当时曰鬼曰蜮曰猪笼，兹邦以后我非我；
其身左不过一隅苟活，肆廛灯火，几处幽思，念彼岸而卑而勤而坚韧，故国如归山外山。

九江都昌老爷庙

瞻杰阁辨鼋龟福佑苍生，梵呗声中，百舸往还争雪浪；
望庐山听蠡水灵开胜境，风波偃后，几鸥闲散点汀洲。

薛时雨重修醉翁亭

归来重滁地，追仰文章，盖其间贤士醲资，千古危亭如鹤立；
老去近梅花，允为知己，怀当日醉翁觞咏，十分好月照人圆。

徽州古城

清溪水色，耕读自怡，七百年朱子遗风，尚留商贾近儒，民心执礼；
白石林峦，丹青足醉，四千仞黄山助势，恰有雕楹连栋，画轴横天。

周瑜墓

虎逐鹿争，鼓惊天坠，坐赤壁英姿勃发，长伴佳琴佳妇，世犹传孟德南征，旌海重翻，铜台霸业更何恨？

贤瞻墓谒，月照烟空，辅东吴中道凋零，遑论生亮生瑜，君不见武侯北伐，将星难继，宿命雄才聊与同。

平羌太白亭

愁倾羁客樽中，遥看莽莽重山，别怀但寄青空外；
夜发巴岷险处，趁此泠泠孤月，征棹已辞白帝城。

成都杜甫草堂

一棹随风歌自苦，悲为时事，慨在襟怀，春秋笔下逢诗史；
半生流寓仕穷通，北望京华，西征蜀道，花径溪旁结草堂。

成都太古里

勿以清闲论旨趣，知不独辣，不独鲜，况禅堂有相，衢陌有容，蜀路云通应有兴；

若从虚拟转商机，必宜于心，宜于目，便粉墨先登，人场先导，锦城花满占先春。

河北青县盘古庙

鸿蒙开肇立乾坤，论化育之功，岂在一文一武；
人祖祀祈求福运，曰捐生之德，此中非道非禅。

河北沧州

一

蕴千秋侠骨儒风，壮阔崎岖，此西望太行，东邻渤海；
妆半夏阳台月榭，嫣红姹紫，醉一城杨柳，四面荷花。

二

日月分辉，鲲鹏独立，漭泱连勃澥滹沱，亘古狮城崇侠义；
史书校籍，洋务匡危，灵秀蕴风流人物，至今华夏重儒冠。

南通梅林春晓

过鸟溪思林处士不孤，仿梅垞结庐，月色凉生清到骨；
入亭阁恍张啬翁犹在，赖江声酬酢，诗情逸动契于心。

江苏镇江多景楼

郁郁乎飞甍接太虚，送晨钟晚棹而来，两柱金焦资北固；
茫茫矣风物推文薮，任嫉世忧时者喟，一楼烟雨锁南朝。

徐州淮海战役纪念馆

鏖杀类官渡以少胜多，算叱咤曹瞒，未使江山归一统；
凯旋凭尸骨垒梯填壑，对森严碑石，忍将肝胆酹千钟。

徐州燕子楼

识荆唯白傅张生，后三千骚客登临，空怀鹿韭花鲜，琅玕簟冷；
望洛合残灯倩影，算十二重楼雄峙，无此忠贞义笃，风月情深。

苏州得月楼

百余年过客停船，水畔行歌，长与飞檐邀朗月；
三千里游人逐梦，莺花入眼，尽收烟雨上高楼。

苏州启园

青峰是障，白水为篱，主人侈而宾客佳，即今点缀新，四顾氤氲含御气；
北榭设梅，西廊构竹，风月清则斯文盛，到此浮嚣息，一声欸乃辩吴音。

南京雨花台

龙蟠之像，虎踞之形，沧桑阅六代燋烽，碧血贞魂天地鉴；
松竹以苍，石碑以肃，玄妙通一山花雨，冷烟轻霭古今愁。

南京明远楼

登楼应念读书人，穷其皓首半生，祈国待英才，己肩大任；
折桂岂无携酒客，自是出门一笑，与秦淮泛桨，蟾月分辉。

黄帝铸鼎原

开国恤民，文明肇始；
采铜铸鼎，德祀永延。

石壕村杜甫投宿处

举目崤函古道，锥心老妪悲啼，后土其殃，幸有千篇诗可鉴；
长嗟茅屋罡风，复叹黔黎乱世，黄河而外，曾经万户血争流。

洛阳白马寺

自白马驮来，古刹槛前，隐约松风传梵响；
得千年播洒，洛阳城外，分明膏雨证慈悲。

河南郭亮洞

行路难，原无此道难，想十三子汗濡血染，钎凿箕担，名早惊殊于世界；
知山大，那有人心大，看千百米壁立衢通，天苍地翠，碑长耸峙在峰巅。

洛阳牡丹

王气萃宜培国色，无论宫耶、庭耶，寺耶、观耶，十三朝玉辇雕鞍，为赋姚黄兼魏紫；

洛京迁不减天香，遂教老者、少者，贫者、诗者，百二顷连阡接陌，平分富乐与春熙。

灵宝函谷关

昔孝公裂土为凭，烽烟岂十数余耶，远稽楚汉，近溯桃林，太息想当时，风萧萧血染战场，月黯黯魂销征旆，倘列雄关局势，飞鸟不逾，深险难攻，回看苍岭黄河隘；

自李耳著经而后，世界知五千言矣，古纵大观，今参玄理，恣游逢胜日，心澹澹鸡鸣瑞像，屋渠渠蝶梦祥光，所期宝地人家，青牛独至，纷纭易换，坐拥白云紫气通。

辞赋

姜彬赞

以题为韵

皇皇大冶，裔裔云乡，水涵清韵，山栖凤凰。盖其崇仁为德，积善以昌。佑铜都而收宝藏，活樊水而毓栋梁。本源穷探，上古炎姜。或修身而辅国，或正道而安邦。抱朴忠以耕读，助风雅以书香。

君乃姜嗣贤人，故而形质彬彬。匠心如玉，君子出尘。适意文章，欲比苏辛之厚；感时风雨，翻为白杜之醇。所以嘉谋至勇，由来大善至真。此后修塘筑路，助学扶贫。若非德高之重，何以善小于民。家国承逐乎其梦，烟霞沐澹乎其身。独凭砥砺，何计夕晨。开莳树之功，平生非少；壮吟坛之志，举世为珍。

龙以精神，楷之盛赞。肝胆留而轻睃，襟怀坦而傲岸。翕和所向，只须振臂之呼；重任其行，岂惧险峰之绊。臻以初衷，守一而贯。以数载之竭诚，绽千秋乎璀璨。谨以尊仰之名，敬献诗曰：会当高谊论，君我乃家门。任重承前辈，诗雄启后昆。乐天胸坦荡，处世语和温。莫道儒夫子，凌然正气焞。

——高寒谨撰于己亥六月

古驿徐泰赋

以“古驿名庄”为韵

铜都之仪，上瑞世泽。萃先辈之菁华，复堂皇之古驿。丽水泛龙渊之瑞，万象迥殊；玉枝得凤髻之灵，四时空碧。流金簪玉，疑是瑶台；韶乐吴音，恍登谢屐。所以才人辈出，壮大冶之门庭；骏业昌隆，曜江南之圭璧。

夫徐驿者，于富川之北，居赣鄂之央。衢通九境，岭叠八方。瑰富纷呈，嵌明珠之璀璨；黛青相接，溯歧道之沧桑。客舍短亭，迢遥关隘；官文信使，寂历他乡。凌流风而十里红尘，朝为楚客；披朗月则一骑策马，暮到襄阳。稽当时之典籍，为盛世而敷扬。煌煌古邑，赫赫名庄。下浮烟雨，上挹天光。镂花雕木，飞阁游廊。荫一园之竹翠，馥满苑之梅香。慨其造化之功，气凌岱岳；感彼轩然之志，势拱汉唐。宗承国粹，庶蔚栋梁。

于是广开骥步，丕显鹏程。拓艺而垒风情，规模大敞；引慈而庇寒士，楹栋恢宏。先立德，后立言，持之以道；秉其心，务其本，恒之以诚。善既昭而必溥，仁逾远则能名。礼教诗书，堪后昆之楷式；心怀劲节，培君子以瑶琼。立峰头之俊杰，乃海内之奇英。自始前修贻训，惟读惟耕。

今应返璞之潮，牧田园而臻殷祖。远岫峨峨，春阳缕缕。况乎乐山之客何多，亲水之人无数。香车往返，花妍而契心神；珠履经过，鸟啭而清肺腑。适逢美政，喜民物之皆丰；值此太平，有弦歌兮竞谱。盖宝地之和鸣，与天人之互补。鸳瓦粉墙，兽鐶朱户。而吟而雅，祝寿福之千秋；亦赋亦诗，同乾坤之万古。

——高寒谨撰于庚子年九月

附录一

——师友题赠选录

有美一人 众人来贺

段惟先生贺

寒壑烟波，藏舟把蟹；
高天云锦，信手涂鸦。

姜彬先生贺

高节虚心，似竹凌云千载翠；
寒儒大雅，如梅叠玉一身清。

康永恒先生贺

睇江汉高楼，有美一人，吟风歌雪；
撷太行芳草，祝禧百秩，击剑拂箫。

王永江先生贺

一

列寿席茗烹秋水，共诗笔清佳，宜坐遥山，宜分明月；
记琴台花动春风，领畅怀散朗，且斟沧海，且祝华年。

二

高处不胜寒，故横身湖海江河，犹将心渡；
逢时独为贵，凡下笔悲欢忧乐，俱作风流。

林南先生贺

昨亦非乎？今亦是乎？此日风华，是天所恤；
汉之广矣，江之永矣，吾乡水土，于古可征。

张帆先生贺

芳辰恰一岁之寒，遥想竹梅，是前世前前世；
飒影竞千帆而发，勇征江汉，向上游上上游。

田丽君女史贺

素娥高处，青女寒时，又一岁蟠桃结子；
咏絮极工，弄潮善胜，三千年荆楚有材。

霍婉雯女史贺

春游黄鹤，夏看铁狮，憾三秋不遇京城，冬日应浮千寿斝；
投以素心，报诸琼玉，虽万里未连关岸，予怀但有一佳人。

温本理先生贺

汉阳树古，鹦鹉洲新，祝嘏以歌，白云千载；
黄鹤楼高，鲲鹏志远，优游于艺，秋水一人。

莫非先生贺

一

嘉会早相逢，识君宜秋水襟怀，字句游心为至乐；
羽觞遥与祝，凭谁问美人寿算，风神澡雪已忘年。

二

诗有别材，游心字句；
樽开芳诞，澡雪襟怀。

白国成先生贺

朱颜永驻，青眼宜加，知已论同庚，飞觞祝暇清凉夜；
黄鹤飞高，沧江浩渺，美人得闲未，击水吟风快活天。

强卫先生贺

江城如画，三益相期，容我观孤鹤排云，惊鸿击水；
郢雪超尘，千椿呈表，许君得麻姑献寿，谢女传诗。

贾雪梅女史贺

涵泳富生涯，潜则诗书、涉则江汉；
交游贺芳岁，采以兰菊、持以琼瑶。

陈菁楠女史贺

梳洗一江水，点妆三楚云，犹从高迥寰天，撷朗朗光风霁月；
写妍字两行，吟细诗千首，更向轻寒节候，添融融丽日芳辰。

谢志民先生贺

高逸寿宜，樽开汉水；
寒香梦好，帘卷春风。

何战军先生贺

妍姝屡破浪搴旗，问英气何来？一江涵泳凌云志；
吉月宜寻梅呼雪，举清樽遥祝，三镇瞻望咏絮才。

何贵全先生贺

后光棍节又四日而生，况品性宜家，十分抢手；
携小蛮腰数千年之誉，更诗文出众，一并倾心。

李颖尧先生贺

出荆山而抱玉，入汉水则凌波，欲问絜才推楚地；
有宝婺其明辉，曜琼英之新发，宜添菊酒颂兰姿。

王祖惠先生贺

一勤于诗，复乐于水，幸吾私好相侔，汉影聊传金石意；
受天之佑，如日之升，值此芳辰既望，楚山长护蕙兰馨。

杨茂东先生贺

高处有寒香，抱冰雪心，入芝兰室；
生平多快意，经沧海水，食武昌鱼。

齐斌先生贺

此生真雅健，纵情藉江汉作泳池、龟蛇镇诗稿；
今日得宽馀，介寿趁鳊鱼佐樊酒、黄鹤翥楚天。

蒋昌典先生贺

璇阁帏中，青春好梦；
烛光影里，联泳奇葩。

刘舟先生贺

高名予兰心蕙质，寿北斗阑干，占紫薇璀璨文光、弥昭彩藻；
寒月临楚水荆江，泛东湖潋滟，留清影遐长芳岁、永葆青春。

易善月先生贺

佳绩璨韶光，击浪英姿同瞩目；
良辰擎寿酒，题联妙笔更生花。

粟文忠先生贺

芙蓉以洁，生有诗心，犹亲碧水；
靓影如何，双修名利，更上层楼。

董文学先生贺

高怀馨璧月，海屋添筹，座上欣十里春风，三千珠履；
寒菊醉霜枝，暗香报瑞，联中贺一襟淡泊，满腹经纶。

崔颖女史贺

楚泽疑逢汉女，慕环佩来游，回思蠓蛾胜皎月；
秋河遥遣蓐收，念琼瑶欲寄，相招鸿雁答良辰。

王艺先生贺

浪里白条腾，尽知诗海为家，殊荣百样；
秋时寿宴贺，闻说门庭若市，弟子三千。

林清越女史贺

不必丈夫身，是蛾眉自有襟期，负之名诗，负之名泳；
当为斫轮手，看凤翮高挥远致，俾尔其寿，俾尔其昌。

潘红斌先生贺

柳絮晴云，春风词笔；
蒹葭白露，秋水伊人。

杨利民先生贺

窗前墨韵浓，丽句清词，蛇山击水三千里；
案上书香满，澄心皓月，汉口吟诗十万家。

潘可玉先生贺

泳坛称健将，浪里如鱼真活泼；
文苑谓高才，诗中戏蝶乱纷飞。

王威先生贺

身心做江海畅游，固寿域以长，福门以阔；
笔墨随菊梅悄放，恰寒然不寂，高者不孤。

李晖先生贺

江城名秀，荆楚联坛，萱花玉露瑶池酒；
汉口文星，翰林学士，芳草金风桂树情。

韩云女史贺

东湖水与歌窈窕，高品自无瑕，在冰雪其怀、梅香其韵；
黄鹤楼独具风骚，芳华堪可喻，看荆坛之魄，联墨之魂。

万海伦女史贺

览揆于十月阳春，且受华封三祝，看瑞绕卿云人似菊；
得福怀一枝彩笔，自能集美百年，感神思澡雪眼无尘。

刘松山先生贺

驱鳄探骊，汉之广矣尤思泳；
雕龙追鹤，楼者高兮最喜登。

汪诗涵女史贺

荆湘文盛，姝丽才高，敏心性著手而春，长向名山留仰止；
吾嘏介眉，人臻寿域，契兰襟遥觞允祝，但期沧海共优游。

鲁传霞女史贺

朝歌郢雪，暮击碧波，诗海撷珠，泳坛夺秀；
可比蛟龙，堪追麟凤，高才高艺，永郁永年。

张潞先生贺

楚地有良才，允文允武，看倚马探骊，凌波掠水；
荆山藏美玉，至善至纯，更兰心蕙质，雅韵高怀。

曾庆斌先生贺

多有风华绝郢楚；
独教婉约入沧浪。

娄希安先生贺

水击三千里，惟楚有才，君正南天抟大翼；
觞称八百杯，于燕遥贺，我从北地慕文心。

赵秀敏女史贺

偶挥健笔，长涉烟波，风雨行来心淡泊；
占得花期，消磨词韵，春秋试绘梦斑斓。

郭群女史贺

渊源溯楚鄂同乡，山水已钟灵，合君文彩煌煌，女儿皎皎；
眉寿介诗联与贺，风流添雅致，并此清歌恰恰，福气绵绵。

邢秀芳女史贺

鲁山郁郁，汉水汤汤，其美何昭，才齐咏絮；
书契多多，神交久久，瑶醇遥祝，寿似增川。

姚琦先生贺

瑞鹤相期，嘉鱼之献，江汉寿兹芹藻美；
上善何如，中流以击，沧浪濯罢楚天青。

姚举旗女史贺

随心便容与逍遥，居近子安仙楼，秋梦春云，清余鹤唳；
知孰是幽欢知己，看罢青莲墨雨，因缘文字，篆瘦梅花。

魏秀琴女史贺

斟绿蚁佳人共醉，梅径分香，祈愿芳辰同鹤算；
看兰笺汉水翻成，雪涛弄韵，踏歌碧浪著风流。

谢雅婷女史贺

高处不胜，怀矜朗月；
芳华正好，人媚清秋。

蒋昌典先生贺

璇阁帏中，青春好梦；
烛光影里，联泳奇葩。

吴幼鹏先生贺

欲借波光追鹤迹；
时逢烛影曳琴台。

吴世超先生贺

一

安居荆楚地，高手定风波，万里长江敢飞度；
才下广寒宫，兰心开境界，两行诗意任驰骋。

二

仰弥高仁者乐山，敬其寒冰心鉴水；
真而善青春喝彩，秀与慧红袖添香。

严朝红先生贺

一

高柏能披风与雪；
寒梅不舍雅和香。

二

两水育精灵，惟高惟美，时而化白龙，时而成紫凤；
周身多佛气，亦雅亦雍，无论对显达，无论逢迍邅。

高溪先生贺

高格人生，不畏征途艰复险；
寒梅品性，何妨玉骨雪还霜。

毕太勋先生贺

高树迎春莺语脆；
寒梅斗雪楚天香。

程敏女史贺

颂岁月，撰写楹联，立意求新，行行出彩；
争时光，畅游湖海，劈波斩浪，场场领先。

董文学先生贺

知己论同庚，任笔底江湖，联寄心声诗佐酒；
添筹多著瑞，享人间福寿，文成风藻玉为怀。

李家桥先生贺

高岳自能攀，笔锋若剑，高处好吟千里韵；
寒流犹可砥，品性如梅，寒中更溢万般香。

李向东先生贺

联添气魂，字付心声，忆当年学海同窗，风光未改青青竹。
性本清嘉，胸存志气，求大道文心一脉，墨笔长余淡淡香。

王洪先生贺

赖黄鹤鸣招相识，此三年遥侃同屏，论学为师、论交为友；
值红枫焕热而辰，引二字深期以祝，言神则惠、言质则淑。

葛淼新先生贺

丽日耀兰亭，以漱玉词章，写鹤梅风骨；
琼花开上苑，将青莲格调，展松柏襟怀。

霍婉雯女史贺

十月间妙有一灵，长思携手当时，伴我题笺咏飞絮；
二年许相分两地，还望通关少日，与君举盏论奇文。

尚洪涛先生贺

遥闻芳讯，值李白杏红，斟诗当酒，应寄春风添雅韵；
早读华章，知联精墨妙，裁月镂云，好将汉水调新声。

祝大光先生贺

高望山，遥望海，揽千般景象；
寒于水，胜于蓝，乃八斗奇才。

李秀华女史贺

应自不唯咏絮才情，斯文气度；
羡君久有凌云志向，大雅襟怀。

舒小琴女史贺

但见人间无限暖；
谁言高处不胜寒。

胡贤琪先生贺

检山阅水 扫眼经史 椽笔三楚 舒文秀；
牵浪淩波 飞仙两江 泳姿万方 动汉关。

向忠池先生题赠

高台凝紫气；
寒舍聚清风。

张文琼女史题赠

高士曾酒斗百篇，溯以云章，应从汉水寻名士；
寒梅竟清争一雪，踞为春序，绵占群芳咏絮才。

裴祥卓先生贺

清嘉之味何须袅袅；
沉璧之光我叹圆圆。

曹光兰女史题赠

峰头坐雪；
物外沉思。

陈慧萍女史贺

以楚都十一月仙客来为寿，诚邀约龟蛇起舞、鹦鹉放歌，酒近南山千盏醉；

因禹甸百万行金石韵而生，重演绎清照风流、文姬珠玉，才移北斗满城倾。

高志文女史题赠

卜算子·相遇

相遇古城春，笑靥东风软。烟锁西山秀谷幽，花盛寒溪浅。
再遇柳如丝，依旧春无限。菩萨泉清饮几杯，暗祝佳人健。

严泓先生贺

醉太平·贺高美生辰

秋宜景明，年芳鬓青。悠悠十月心情，正安康一程。
欣研笔兴，时敲韵声。闲闲笔落词成，又丰收满庭。

吴春和先生贺

贺高寒女史吉诞

江城才女数高寒，羞煞深山君子兰。
十月阳春又增岁，一枝红艳出联坛。

刘明清先生贺诗

生花妙笔谱鸿章，日暖风和见智光。
快意江湖添雅韵，乐为联众当梯梁。

陈海娟女史题赠藏头诗

高处诗联扬汉上，丽人曾与佐清谈。
琼花已遍山之角，佳讯何时到海南。

何先生贺

一

鱼游汉水、凤舞珞山，雁字寄深心，鹤算更兼千岁福；
芙木初开、菊金犹盛，芳辰留雅集，柏觞还醉小阳春。

二

江夏非独樱想，有芙木菊金书就花笺，柏酒香含安枣味；
阳春惟许凤鸣，得龙文鹿筵凭添鹤算，骈章作历纪鸿钧。

杨柳青青女史贺

形迹当在水在山，值卿华诞开筵，正宜笑摘白云，醉邀黄鹤；
情怀亦吟诗赋月，许我天涯介寿，遥寄一壶冰雪，几瓣梅花。

慈航人间先生贺

花灿泳池，曾赖清波抟凤翼；
君游文苑，又凭翰墨立鳌头。

过客女史贺

一年之利全归汝有，如何不幸福；
满树梅花只为君开，真个是良辰。

萧萧女史贺

数十年摛藻扬华，骨淬寒香，寿逢冬月斟梅酒；
两行字传薪漱玉，风流彩笔，鄂有高吟藉此心。

道友先生贺

江流作楚地肌肤，鱼泳者高名，允为鄂川增脉象；
蕙质涵文章格局，凤翔焉异彩，长随天性养心真。

梨落女史贺

彩凤珠玑，芙蓉玉洁，人向闲中春不老，喜看云海呈祥，瑶池纳福；
高风慧美，雅趣钟灵，心于安处岁无忧，共约杯摇明月，寿咏芝兰。

Smile 先生贺

高山皆仰止，虽饮水啜菽，久闻沥胆披肝，君子交情多道德；
寒士尽欢颜，纵长施广庇，焉见营私结党，梅花标致逊清高。

无花先生贺

汉皋解佩慕游女；
海屋添筹纪麻姑。

铃儿女史贺

高寒生日暖；
姝丽若兰芳。

天涯倦客先生贺

高手在民间，已堪大内；
寒窗出学子，此乃翠珠。

漫真堂先生贺

清杯流几曲，便此处醉满月红妆，飨三秋硕果；
黄鹤返有期，知谁人可凭风御水，又竟鲤分波。

枕雨听风先生贺

诗书消岁月，高轩闲赋三千韵；
梅雪贺芳辰，寒渚轻开第一香。

寞晓先生贺

微澜远黛多赋于晴川历历；
舞月歌风仍看得粉艳年年。

附录二

——文章鉴赏选录

高寒对联赏析

曾凡汉

高寒女史乃荆楚联苑傲然绽放的一枝绚丽奇葩，读她的对联如沐春风，如饮甘醇，会受到感官的愉悦和精神的陶醉。套用“笔落惊风雨，诗成泣鬼神”的句式，高寒的联作应是“笔落惊三楚，联成泣四邻”。

她担当于使命，授课于东亭；操觚于艺苑，活跃于联坛。曾被中国楹联学会授予“最佳楹联创作者”光荣称号。本文就其楹联写作的技巧方面作几点简要的赏析。

一是构制奇巧，立意高远。

立意是决定作品质量高低优劣的首要问题，包括楹联在内的一切诗文和所有文学作品概莫能外。对联的创作更重在立意，刘勰在《文心雕龙》中说过：“理定而后辞畅，此立文之本源也。”王夫之在《姜斋诗话》中更明确地指出：“以意为主，意犹帅也。无帅之兵，谓之乌合。”在对联创作中，意不仅要立，而且要高。高寒深知此理，往往一联之出，则意在言先，以意取胜。

《读〈回乡偶书〉》

多少年未改乡音，杖履步村头，有儿童问起；

浮沉事俱成旧梦，风云抛世外，作落叶归来。

此联就原诗意境申发，上联概括原诗内容，一位老军人苦熬几十年军旅生涯，老大归来，乡音未改，儿童不识而笑问，属叙事；下联缘事抒情，言那些沉浮世事，只是一场旧梦，无须观照，人老了，落叶归根。深刻表达记住乡愁的主旨，借典事立意，高远别致。

再如

《鹦鹉洲》

一篇赋才高诸子，灵鸟拟重生，看戛玉锵锵，飞鸣句句；

千余年月满汀洲，古楼须更上，正舳舻遥接，江水长流。

鹦鹉洲乃武汉一地，联家借地咏怀，借景抒意。上联借东汉赋家弥衡曾于江夏（武汉地区）作《鹦鹉赋》之史实，加以申发。此赋首句提到“灵鸟”，不过“灵鸟”已重生，才有了今日武汉之鹦鹉洲，而且是“戛玉”“飞鸣”，气象万千。

下联则从武汉历史底蕴说事，登楼远眺，月满汀洲，舳舻千里，赤壁之战的故事历历在目，从而得出“江水长流”的结论。一曲“江水长流”，不仅是武汉人事生生不已的历史造化，更是宇宙无穷的自然规律。借一鹦鹉洲，有如此精深的立意，可见联家构制之奇巧，思维之开阔。

二是感物生情，情由境生。

刘勰《文心雕龙·物色篇》说：“物色之动，心亦摇焉。”外界景物触动心灵，心灵激动起来，于是借外界景物把激起的心思表达成作品，这就是情随境生。

高寒撰联多体物生情，缘情取胜。一个“情”字，贯串于高寒联作的全部。我们常说表情达意，文学作品如果没了情意，则味同嚼腊，不会感人。高寒是个感情丰富的联家，作品中表达出的家国情，山水情，亲友情等等，无不缠绵悱恻，催人泪下。

如

《东湖》

行数步得清凉，但看青荷举水，碧柳呼莺，诸君莫羡西湖好；

溯千年承绚烂，遥思屈子吟歌，楚王击鼓，胜迹应教玉笛新。

一幅东湖景，几多故土情！作者是喝着东湖水长大的，自然会感物生情，尽情歌咏之，赞美之。上联感物生情，东湖之景美得让人陶醉。步行的是清凉之地，眼观的是青荷碧柳，耳闻的是燕唱莺啼，美不美，家乡水，哪个还去羡西湖好呢？

下联怀古生情，武汉历史悠久，胜迹无数，仅从东湖看，就承载了文明的绚烂。屈子、楚王、李白等皆有遗踪，如此厚重的历史，怎不叫人触景生情？情之所至，意旨明矣。

再如

《冬至》

节序催新历，凭几番舒柳飞葭，不日望中淑气勃；

乡关对故知，温一壶围炉促膝，此时窗外雪花轻。

联语中提到的新历淑气、乡关故知、围炉老酒、窗外雪花等意象，无一不是境由情生或说缘情布景。说到冬至，自然会联想到农村景，乡土情；联想到恬静的景致，温馨的情调，从而达到歌颂新时代、传播正能量之主旨。

三是灵动造语，力图鲜活。

我国历代的诗联大家，都很讲究写作中字、词、句的活用。他们认为："诗贵活句，贱死句。"（吴乔语）。吴乔这里所说的"活句"，指的就是作品语言的生命力。意思是说语言要有生命。诗人联家要学会用有生命的语言，来构造有生命的艺术形象。唐初四杰之一的卢照邻说："下笔则烟云飞动，落纸则鸾回凤惊。"都是强调写作诗联，遣词造句，一定要在"活"字上下功夫。一字用活，全篇皆活。

高寒联作中的语言，不陈式，不呆板，落笔如游龙走凤，开言似警燕惊鸿。如

《风动石》

补天不济，立势不欹，伫东山冠甲一峰，摩霄摘斗犹缄默；

契鹭以飞，挟风以舞，支寸柱巍昂千浪，卷雪惊涛亦泰然。

其中"巍昂千浪"对"冠甲一峰"，"卷雪惊涛亦泰然"对"摩霄摘斗犹缄默"，就"风动石"而言，是何等的高超，何等的生动！咏物即写人，作为一

种精神，一种气质，又是何等的高尚。这就是娴熟的组词造语功夫使其然也！

再如“花木湿青阶，梵音沉黛壑。”（《题天目山》）其中的“湿”和“沉”；“惊有奇才彰绣锦，忍教孤旌引香魂。”（《题沈寿》），其中的“彰”和“引”，皆精心挑选最贴切、最富有表现力的字眼来表情达意。可见作者用字神奇，表达灵动。炼字锻句之精确稳妥，奇特巧妙，已达到炉火纯青之境界。

四是铺张使透，淋漓尽致。

高寒以写长联见长，常用铺排之法，铺排的主要美学特征乃是淋漓尽致，穷形尽相，畅酣达意。即通过多侧面地描绘、抒发，以渲染环境、气氛和情调。高寒联作中的“骈偶思维”是非常稳妥的，《联律通则》中的六条规定，在高寒作品中，得到了很好的体现。特别是“形对意联”，组边妥贴，做到了上下单边联所表达的内容统一于主题，一个中心，两个侧面。在分述中显张力，于铺陈处见功夫。

试看

《三峡》

高猿传响，雅士吟愁，十二峰名并九华，迭嶂耸云邀客棹；
浪势鲸奔，山形虎踞，七百里剑斫双壁，寒烟带雨入江流。

联语中既有自对，又有互对，既写古人遗韵，又描物象特征，其间不乏悲歌壮怀之景色，惊世骇俗之声威。把一个古今名盛、巍峨耸世、蕴涵丰厚的三峡推向人们的面前，如不用铺写之法，轻描淡写恐怕难当此任。

再如

《大冶永泰堂》

楼宇融威仪造化，碧瓦朱甍，看四维水与增清，山与增厚；
祖风衍德业嘉名，垂祥纳福，庇千载天之许泰，地之许安。

此联为刻挂联，上下联中亦有自对，其中“水与增清，山与增厚”和“天之许泰，地之许安”，复用了“增”和“许”，痛快淋漓，渲染使透，以达极致。

同时在组边上分得开，不合掌，上下比各司其职。上联写楼宇建筑的古朴与雅致，下联写祖训家风的德行与厚重。两者统一在赞颂“永泰堂”深厚的历史人文内涵之上。

五是用典无痕，增其厚重。

高寒是个文化内涵较为丰富的联家，她深知联语用典之妙处，长期以来，“积学以储宝”。为了表达的简捷和立意的厚重，往往或取于事，或取于辞。取于辞者，或称之为“脱化”。脱者，脱胎于成辞，化者，化为己意用之也。从而使自己的楹联创作达到典雅、含蓄、辞少意丰之效果。如《自勉》短联：

积于广处山般厚；
修到定时水样清。

作者自注此联：“《荀子·礼论》积厚者流泽广，积薄者流泽狭也；中心不定，则外物不清也。”高寒说的“自勉”，勉什么呢，当然是文化修养和做人品德方面。上联写做学问，学习要善于“积”，而且要“厚积”，从荀子“不积跬步无以致千里，不积小流无以成江海”名言中脱化而来；下联写修身立定，只有修到“水样清”，才能脚跟站稳，心如磐石。联家就是这样引荀子思想，借力发力，来抒写“自勉”的，可谓典出无痕，言简而意深也。

我们再来看看《王昌龄》一联：

同仕较高岑际遇何如，碧落孤蓬，过五溪寒雨樽前，冰心耿耿；
其名自秦汉书生坐占，黄沙绝塞，越千载楼兰月下，风骨巍巍。

联语中的“脱化”用法，可谓出神入化，炉火纯青。上联首句提到王昌龄乃唐初著名边塞诗人，与高适、岑参齐名。随后写他被谪龙标，如“孤蓬”飘于空中，好友李白送之曰：“闻道龙标过五溪。”尾句化用“一片冰心在玉壶”，盛赞其待友人之忠心耿耿。下联写他声名鉴古，“风骨巍巍”，化用王昌龄《从军行》之“黄沙百战穿金甲，不斩楼兰誓不还”成句，紧扣其人其事其诗，这样用酣畅笔墨来赞历史人物、华夏精神，真乃巧设佳构也！

再如《春秋越王勾践剑》一副，更是典事彰彰，十分感人：

仪妆国士，礼馈美人，宝匣久尘封，寒芒未与名俱灭；

水截蛟龙，陆屠犀兕，异材缘淬励，苦胆甘从耻后尝。

此联将人与物合写，交叉表达，内涵勾践传奇、宝剑光锋，尽典出史事也。上联首写“仪妆国士，礼馈美人”，言越王为复仇三年调教西施的一段传说，后两句写宝剑出土，现存于湖北省博物馆，千年不朽，惊艳四方；下联首写“水截蛟龙，陆屠犀兕”，言宝剑之功用，其中“蛟龙”“犀兕”虽说猛物，实乃对阵之劲敌也。尾句仍写到勾践其人，言“卧薪尝胆”之事也。杜甫曾说，用典要如禅家语“水中着盐，饮水乃知盐味”。意思是说引用典故，使它不着痕迹。令人初看不知是典，再看方知其妙，这样典故就运用到家了。

以上赏析，仅为窥其一斑。高寒联作丰盈，题材广阔，手法多样，堪称行家内手，实乃荆楚之楷模，女流之翘楚也！她的作品在各级各类竞赛活动中获奖甚多，在当地正面影响很大。她开网页，设讲坛，对武汉地区楹联文化的传承与发展作出了一定的贡献。

有联赞之曰：

高手操觚，联花放彩，挟汉调荆声，直上琴台歌一曲；

寒星照影，对韵迎风，将幽情睿智，去随翰墨载千年。

（原刊于《对联》杂志 2022 年第 7 期）

联家点评

题东湖行吟阁

此间惟月影一轮，鉴泽畔千年，冰心吟瘦；
隔岸有梅花万树，到江城五月，玉笛吹残。

段维点评：此联不仅悦目美听，亦有深意存焉。

题朱厚照

延姬氏、陈氏分桃之癖，对累世江山，朱明后其局何为也；
与代宗、孝宗短寿相侔，论平生功绩，太祖前于心有愧焉。

易凡点评：该联所题系历史人物，作者对明朝历史非常谙熟。朱厚照是明朝第十位皇帝，在位十六年，三十一岁驾崩。作者上联写了朱厚照一生荒淫无度，承延姬氏、陈氏分桃之淫癖，建豹房、筑别殿。末两句总结朱厚照对太祖朱元璋通过过关斩将、励精图治打下的基业，肆意挥霍，对后世起着不良引导作用，致使大明江山每况愈下。下联用对比法，朱厚照与同样寿命不长的第七位明先帝代宗朱祁钰、第九位明先帝寿宗（都是三十岁左右驾崩）相比，同为朱明太祖之后帝，代宗和寿宗虽然也是庚年早逝，但却政绩卓然，唯朱厚照愧对太祖。上下联分别从正面叙述朱厚照不事朝政，从对比层面阐述代宗和寿宗平生躬行节俭、宵衣旰食，后者史称弘治中兴，更加强化反衬了朱厚照荒嬉无度的一生，达到相反相成之目的。全联不仅对仗精准，技法娴熟，而且，史籍丰富，化典于无痕。联作高手总是寥寥数语即能对历史人物进行高度定论，此联堪称佳联。

题北京冬奥会题

燕京格调，奥运精神，值新年春酒以迎，足令远客先娱目；
嘉会同襄，和平永固，凭热血严冰而释，多感健儿未折腰。

陈佐松点评：此联紧扣主题，铺陈有序，阐发有致，上比虽用语平实，但把典型的时间（新年）、地点（双奥之城）、人物（远客）、事件（冬奥主题）有机地结合起来，并辅以春酒相迎，很好的渲染了让人赏心悦目的现场吉祥喜庆气氛。下比则作进一步挖掘和发挥，以奥运“团结、进步、和平”的宗旨为基调，通过双关手法对奥运健儿以热血融冰、一往无前的精神，进行了热情评价。

祭父亲

念严训恩深望切，往日尊前，教女养谦心行浩气；
叹家乡物是人非，来时垄上，倚碑斜杂草乱黄花。

林南点评：上下联之间，拉得较开，同时又因为前两个分句的铺垫，而不致于断裂开来，因此颇具张力。下结可谓全联的亮点，如素描，如镜头的切换，因为情感的烘托，与主题关联不散。

题汉口江汉关

八百里申江遥接，相怜租界经年，著外域风情，行船商贾繁华似；
三千履汉上留连，莫问诗心几许，伴钟声汽笛，渡鸟夕阳适意看。

王永江点评：从租界的相似性，顺着长江联系到上海，也算顺理成章。上联通过与上海的对比与联系，引人思考那段租界的殖民历史，唏嘘无限。下联则回切到现在的江汉关景物，历史已成云烟，但怀着“诗心”来看现在，一种和谐祥和的场景铺排在眼前，可以从容地联想起古人的诗句来。立意不言自明。

三味书屋

孔孟以来遵古训，俨授受于堂，朴质布衣，读书崇尚三重味；
浙江其后曰名流，看繁华此地，遗风佳气，隔岸犹滋百草园。

王永江点评：上联扣住书屋本身的特点和功用来说，也描写了书屋主人寿镜吾老先生的形象。下联起句说的依然是寿老先生，但是表达有点硬了。后面承接，是对书屋的意义和影响的表述，结句扣到百草园，让人联想到鲁迅，有些回环之意。“滋”字可炼，下联前三句的表达也可再炼。

题楼兰古城

张骞西出，玄奘东归，远矣千年，念当时丝路驼铃，无尽弦歌沸樽酒；
金鼓声悲，黄沙气暗，付之一瞬，忍此际残垣断壁，何来剑杪挑云楼。

王永江点评：张骞、玄奘这两个与西域有关的代表人物，能够较好地为那个时代做历史注解，也能从侧面烘托楼兰的盛况。下联则转而写其陨落的慨叹，脉络比较清晰。唯结句跟前面相比稍微弱了一些。

题司马相如

识时务者乃俊才，或凭卓绝数篇，便看他南夷建业，西汉垂名，黄金难买赋；

问世间情为何物，惟此缠绵一曲，直教人绮户当垆，碧梧栖凤，白首不移盟。

刘能英点评：上下联第一分句，两个的节奏不一致居然敢对仗。但仔细一琢磨，上下联七个字，同时断成三四节奏通，断成四三节奏居然也通。上联直接借用口头语，下联直接借用《牡丹亭》唱词，两个完全不相干的现成句子，组合对接得天衣无缝。打破常规有何不可？

题武大落樱

目下无逢，倚山而靓，照水而灵，怎禁得风雨春归，琼树蹊中花事了；

人间有恨，黄鸟在枝，白幡在冢，最堪怜芳华疫虐，珞珈云外泪痕多。

刘能英点评：上联的“目下无逢”，起句就奠定了此联的失落伤感的沉郁基调，紧扣题目之“落樱”。后二句之“风雨春归”，“花事了”，将这种落寞情绪一步一步往前推进。下联的“人间有恨”，则将这种落寞情绪更推进一步为“恨”，何“恨”之有？“白幡在冢”“芳华疫虐”。如果说，春来春去，花开花谢，上联是感时的话，下联则是伤事，大疫流行，白幡袅袅，情绪难控，真的就是催人“泪痕多”。高寒作联，构思慎密，用语亦胆大。此联上下两结句“风雨对珞珈”“琼树对芳华”的错综对也是亮点。

题云南泸沽湖

云横汀浦，月印波心，卧偏陲绝涧苍崖，南蜀遥连八百里；

望处经幡，吟边春酿，引故旧扁舟缓桨，西湖略逊二三分。

蔡维忠点评：偏陲之地竟有广阔之湖，与天下名胜西湖相比也略胜几分。虽然描写主体当应较比衬手法更具表现力，此联为泸沽湖增添几分美誉，不失为一种表现手法。

题徽州古城

清溪水色，耕读自怡，七百年朱子遗风，尚留商贾近儒，民心执礼；
白石林峦，丹青足醉，四千仞黄山助势，恰有雕楹连栋，画轴横天。

王家安点评：山乡白描，一幅古城图画。可取者如前后六个颜色，如朱子对以黄山，如连栋、横天之落笔。

题平羌太白亭

愁倾羁客樽中，遥看莽莽重山，别怀但寄青空外；
夜发巴岷险处，趁此泠泠孤月，征棹已辞白帝城。

贾雪梅点评：吐属风雅，笔调沉郁，句式、节奏都处理得不错，收句亦有远意。不过，此联若悬于平羌三峡，白帝城则过于遥远了。

题上巳节

流觞饮宴，祓禊登高，恰霁日清明，记得昔贤题序处；
溪水潺湲，花关曲折，趁春阳勃发，喜看情侣约盟时。

田丽君点评：单刀直入，切题工稳，节奏不疾不徐，起承转合恰到好处，文字疏朗清健，略乏情韵。

题恩施女儿城

烟村收八县，风物动九畡，待燕子衔春，好沉迷古寨门前，长坪郭外；
竹篓背多情，裙裾香满路，试山歌泛夜，竞婉转藤花深处，桃径那头。

白国成点评：以五言自对起，以四言自对结，有条不紊，雅与题称。

挽吴花燕

贫寒乏食，义举捐躯，可叹微尘，花凋燕陨；

废疾谁怜，悲辛孰若，所期盛世，老养少扶。

云烟点评：遍观诸联，文思机巧者众，然不少暗含讥讽现实之意，实不敢取。该联上比叹花燕之悲，下比期老少能养。语言质朴，情感真挚。是为赞。

题昆曲

怀古看忠臣孝子，赏心看名士美人，藻采远凡尘，六百年从盛从衰，应恐广陵成绝响；

弦歌曰大雅之符，诗礼曰和平之表，春风拂南戏，七二变为时为事，遂教乐府发新声。

朱荣军点评：起句平平，愈到后面愈有味，至下联堂庑更臻广大，语与境合，情文相生。“应恐广陵成绝响”，“遂教乐府发新声”，两结收束，颇觉无可移易。读之仿佛见昆曲从湖山一角发轫到走向中国文化代表的数百年不凡历程。非真爱昆曲之人，恐难到此。

附录三

——作者鉴赏文章选录

对联鉴赏

题春风(河南 何战军)

解意从调碧晕红,看似剪如刀,恰好裁长安一日花、章台二月柳;
慰心在驱寒送暖,若陈功比德,殊未逊孔父行仁义、佛子示慈悲。

高寒点评:综观诸家大作,袅娜多姿,煞是好看。其中不乏切合时事,武汉疫情正满城风雨,人民正忧心忡忡,体现出悲悯之心和博大之爱。作为困守孤城的我,特别感动,在此致以崇高的敬意!此联上比化用诗句,结句转到古时的长安,有登科后的喜悦,章台柳的离愁。下比拔高,喻春风有德,仁义不亚于孔父,慈悲相较于佛子,诚然春风是平等的,惠及处芳连千里,物盛一隅。切题在不即不离,比兴丰赡,文彩斐然。

题敬亭山(湖北 肖泽龙)

湖海迹茫茫,唯天有语、山有目、云有心,算弃世何深,知音空索无情物;

行藏事了了,比羊公碑、苏公堤、左公柳,也逃名略似,拈咏还悲失路人。

高寒点评:敬亭山,中国历史文化名山,位于安徽省宣城市,系宣城文化魂之所在。这副联很独特,作者并未常规手法单纯写景或抒情,而是怀古抒发感慨,全联以李白独坐敬亭山其诗其人切入。上联写李白的孤独和怀才不遇,唯有在大自然中寻求安慰和寄托。严沧浪曰:“与寒山一片石语,惟山有耳;与敬亭山相看,惟山有目,不怕聋聩杀世上人。古人胸怀眼界,直如此孤旷”。下联进一步展开对比议论,拉来羊、苏、左三人作衬,因这三人也有类似不沽名利的想法,敬亭山在今天同样出名,只因这首逃名诗,而其人无真正的“入世功绩”,于是“拈咏还悲失路人”了。正所谓山不在高,有诗则名!

岁末感怀(湖北 田丽君)

讵识古人,难知去日,向不住迁流间蹇蹇几程,遥遥看来者自来,了犹未了;

蝶衣海月,鹤翼天风,于莫名悲喜后殷殷一祝,轻轻道我原非我,行且复行。

高寒点评:此联上联极具禅意,远隔山峦浩海,来者自来,去者自去,唯当下每一程才属自己,故而坦然对之。下联有道家无为颓唐之感,或似有看透,亦或似有所悟。个人比较欣赏这副联,读来有虚无缥缈的美感,如同席慕容的诗一般娓娓道来,淡雅剔透,抒情灵动。此联出现两种语言风格,即白话文和文言文,算是新的探索也未可知。

岁末感怀(河北 潘洪斌)

每至穷途犹痛哭;

已知天命渐无言。

高寒点评:此联极具性情,以平常语道出,词浅意深。“无言”二字最能发生共鸣。记得湖北联家万峥嵘老师一副自寿联:花落三千成过眼;人生五十待从头。两副联同为知天命之年,境遇不同,感怀亦不同。

岁末感怀（浙江 曹鸳姣）

想一年光景，倏尔来，倏尔去，遑论春华秋实，尽付于流水桃花，苍烟落照；

劳半副形骸，谋以稻，谋以粱，休谈经济文章，皆换作清霜斑鬓，红袖颦眉。

高寒点评：花落花开，最易撩人思绪，故惜花过后便有半生劳形之感慨，整联虽长，但读起来亦觉情感层层推进，一气呵成。

岁末感怀（广东 李颖尧）

花落履痕深，一秋事乍暖还寒，不甘路阻缘春在；

物移肩任重，七尺躯为儿亦父，忽感腊残尤自珍。

简评：此联简洁，为儿亦为父倍觉任重。风回处，寄一声珍重！

岁末感怀(鄂州 高志文)

昔日江城，曾雾笼楼阁，水漫田畴，莺啼黯黯怜芳草；
今宵鄂渚，正歌咏岁时，酒温灯火，雪意盈盈向早梅。

高寒点评:以诗的语言回顾昔日展望未来。下联“酒温灯火”颇为动人，人生最温情莫过于家人闲坐，灯火可亲。

题河南(武汉 李家桥)

中岳腾云,大河涌浪,惟此地龙兴,历二十朝来,王者古都横史迹;
轩辕布德,老子传经,于斯天凤举,催万千贤起,礼仪名省灿文光。

高寒点评:对仗工整,气息稳健,内涵也较丰满,对河南定位准确。河南是中国古代文明发祥地,要写的内容实在太多,此联并未大包大揽,侧重点在其地理、历史、人文,取舍剪裁,章法井然。城市联古代似不多见,“对联中国”曾出题尝试,普遍认为难驾驭。个人以为文章以小见大易,反之从大处落笔则难。

武汉新洲汪集鸡汤(武汉 刘海清)

金鸡入土罐,文火炖水浓,良木栖凤,斯有嘉村香液;
东味传西方,路南飘北远,口中著名,且尝小镇美汤。

高寒点评:金木水火土,原指五材,天生五材,民并用之。上联将金木水火土一并烹之,何患味不鲜也;果不其然,下联写美汤名扬天下,东西南北中人皆知之,有美好的祝福,也起到很好的宣传意义。此联布局合理,气脉顺畅,唯不足的是对仗平仄方面,不过瑕不掩瑜。

题雨(上海 王维灏)

洗东山万里蓑,望古道云湿雾侵,漫向涳濛伤旅况;
涨南浦一篙水,到诗人酒阑歌罢,独余淅沥送行舟。

高寒点评:每下雨时节,不免淡淡的忧伤,作者并未描写目下情形,而是带读者穿越时空,画面中那位孤独的诗人是苏东坡吗:"斜风细雨到来时,我本无家何处归,仰看云天真蒻笠,旋收江海入蓑衣"。全联抓住"洗、涨"两个雨天特征入手,以古诗词意象提炼安排,遂笔缓写,毫不费力,所谓学问真到文字也。

题太极拳(山西 孙叶)

一式强身,二式悟道,三式而臻无极,虚澹清冲,委心顺化通天地;
静中制动,柔中克刚,变中以达平衡,泰和吐纳,养性抱元法自然。

高寒点评:太极拳是一项适宜老年人的运动,本联紧切联题,无一字出圈,上联写养身作用,下联给搏击定义,亮眼处在起句的排比句手法,达到节奏和谐、充分透彻的效果。

豫园会景楼(江苏 许茵茵)

藕花隔水,苔石惊风,二三声过耳莺歌,疑为天籁;
雨树带烟,霁云生月,四五点浴波鱼影,认作我邻。

高寒点评:登临会景楼,可观豫园东部景区,作者并未从主楼直写,而是"听、观"着笔,佐以周遭景物,下联"四五点浴波鱼影,认作我邻"的"我"字若是指楼,则耐人寻味。此联别出心裁,和常见题楼手法略有不同,譬如,陶澍题会景楼"曲槛遥通沧海月,虚檐不隔泖峰云"中,就以"曲槛、虚檐"而扣本楼。

贺青社成立(四川 康玺)

于万紫千红中独抱深青,此意云何,但愿诗心都不老;

在八月七日晚重新结社,问谁首贺,不妨纵笔漫题将。

高寒点评:上联只觉一股子青春气息扑面而来,文章乐事,从心底溢出,“但愿诗心都不老”尤其暖心;下联点明时间和缘由,内嵌青社,这应是传说中才人手笔了,如此飘逸的文字,自愧弗如了!

中青兰州聚会(湖北 吴朝)

自李杜苏辛诸子至曾左华光,文字益争奇,谁能绝顶分辉,将来我辈登楼处;

邀湘川鄂赣少年作陇右宾客,凭栏思往事,或向云端放矢,直射黄河九曲潮。

高寒点评:本联起句虽稍显拖沓,但文字驾驭能力极好,全联得志、气之帅,感怀追昔,文采激昂,窃以为,似此等目空一切非湖北才人而不能为也。因人文和地域的特殊性,湖北诗歌具有灵气、鬼气、仙气,以及浪漫主义特征,不难看出,大部分湖北诗联家也是如此,他们动人心魄的豪放之气,总能刷新读者的想象力。读罢此联,只感觉:数风流人物,还看今朝!

中青兰州见面(刘志宇)

到此地寻兰山烟雨,梨苑花光,又折绿柳一枝,欣成诗赋添佳景;
共诸君赏古刹晨钟,莲池夜月,登览黄河九曲,宜纵壶觞助胜游。

高寒点评:中青兰州见面会佳作颇多,一寻一赏,娓娓道来,造语摇曳并见稳成,前后转合有序。上联"又折绿柳一枝"清新动人。

感谢廖老师赠联(春堂)

小文场昨日有闻,起坐喧哗,曾为射者中、弈者胜而笑;
大手笔平生几见,诗联翰墨,幸结公惠吾、我谢君之交。

高寒点评:上联回想师生相聚的欢乐场景,联中"射者中、弈者胜"乃醉翁亭原句,用此处毫无违和感,依稀觥筹交错,起坐喧哗;下联切入联题,"公惠吾、我谢君"六字尽诉情谊,本联天真朴实,唱酬赠答,见古人之风雅。

救喜鹊(武汉 刘能英)

不知何处飞来，翅折一双，命悬一线，病体焉能遥送喜；
幸得及时遇见，梳妆其羽，包扎其伤，揽怀勿使再惊弓。

高寒点评:上联写喜鹊受伤命悬一线,下联写实施救治,整副联围绕“救”字布局,用语平实、细腻,其善举跃然纸上。对仗方面比较生动,揽怀”二字犹能感人。全联并无援引故典,无浮文饰藻,叙事不疾不徐如话家常,重在切实切题。刘能英是湖北著名诗家,其作品独具才思,使人过目不忘。此联大概属于对联种类之一的“叙事联”。今人写联也有运用叙事手法,叙事往往与抒情、议论相结合,偏于抽象,古联中单纯叙事的并不多见。众所周知,古诗词就有叙事和记史,譬如:长恨歌、琵琶行、木兰辞、石壕吏等。那么问题来了,如何创作叙事联?下面二副古联属概述还是叙事?

例一

挽曾国藩

论交谊在师友之间,兼亲与长;论事功在唐宋以上,兼德与言。朝野同悲唯我最;

考初出以夺情为疑,实赞其行;考战绩以水师为著,实主其议。艰难未预负公多。

例二:

贺梁章钜 70 寿联

二十举乡,三十登第,四十还朝,五十出守,六十开府,七十归田,须知此后逍遥,一代福人多暇日;

简如格言,详如随笔,博如旁证,精如选学,巧如联话,富如诗集,略数平生著述,千秋大业擅名山。

对句点评

高寒

受邀为香港“孔教学院大成何郭佩珍中学”点评

霍婉雯老师声誉全国，是联届翘楚。本次活动以重拾中华传统文化从娃娃抓起为目标，对传承民族文化具有深远意义，让人敬佩！很荣幸受邀担任点评导师，不当之处，敬请赐教！

一

蔡佳颖 5A
观水观山皆得妙；
听今听古每称奇。

高寒点评：“观水观山皆得妙”出自黄庭坚《题胡逸老致虚庵》一诗，原作尾联颇具禅意，对句可依原诗顺势而为，也可从不同视角切入。本联“山水”对“今古”、“妙”对“奇”，堪称珠联璧合，上联有行万里路之雅趣，下联有读万卷书之情怀，对仗、词性、文意俱佳。

二

张浠桐 5B
观山观水皆得妙；
谈天谈地汇知音。

高寒点评：本联句中“皆”字是副词，对句“汇”字为动词，“皆”与“汇”

相对略显宽泛，幸而对句很有创意，“得妙”对“知音”属无情对范畴，用在此处天衣无缝。观此联，与古人一副格言联颇有相似之意，联云：“得好友来如对月，有奇书读胜看花”。纵览山水、遍读奇书、得遇知音，亦是人生最大快事也。

三

叶文焯 5C
观水观山皆得妙；
修文修德乃成人。

高寒点评：本校以儒家思想为教育宗旨。上联山水修性，下联则注重品德修养，贵在说理。“修文修德”出自孔子，寓意是修文之人必先修德，讲究德才兼备，实现文化与品德的统一。虽然“妙”与“人”相对略有不工，但瑕不掩瑜，承接上句非常自然，此联较为稳重。

受邀为“湖北荆楚联坛”点评

出句解读：对句练习，可以促进思维扩展，有利于提升律诗和成联创作。本期出句为三分句，对句时须布局某篇，从立意、取景、技巧等几个方面入手。“霜色催秋老，落木金风，欣看瓦盏浮鸿影”，出句以秋天为主色调，前二句秋景铺排，结尾句“瓦盏浮鸿影”是关键点，也就是联眼。“呼儿欲自酌，瓦盏无完全”，瓦盏即酒杯，杯中有酒，飞鸿掠过，倒影杯中，二物密切关联。综观本期对句，对仗、词性合理，部分对句从古诗中寻找灵感，值得赞赏并推广。谨以个人喜好选取部分对句进行点评，不当之处，请批评指正！

出句：霜色催秋老，落木金风，欣看瓦盏浮鸿影；（猜猜）

一

对句：夕曛坐绪幽，苍岚皓首，惟念萍踪起鹤愁。（李菲）

高寒点评：此句遣词清雅，造境唯美，无论对仗、情绪、意境，较其它对句，最为妥帖，怅然若失的哀愁也最易使人动情。秋意浓、幽绪生，恍惚间“有位佳人，在水一方”。

二

对句：诗心许我狂，簪花白发，笑过朱门起凤歌。（黄治华）

高寒点评：本句有李白“我本楚狂人”之豪放、杜甫“朱门酒肉臭，路有冻死骨”之愤懑。或许有人觉着上下比相隔，个人不以为然，古人重阳节有插茱萸、簪菊花习俗，“簪花白发”已承接上句秋意，足矣。

三

对句：泉声滴夜凉，谁家玉笛，唤起蟾光透纸窗。（湘君）

高寒点评：对句由“夜凉、玉笛、蟾光透纸窗”等意象词串起，将幽寂苍凉之情绪，层层递进，并能流畅自然，使人读之遐思，堪为佳句。

四

对句：菊香绕夜深，暮云春树，暂折诗情寄月宫。（李少茂）

高寒点评：唐伯虎有一幅画，名曰《春树秋霜图》，句中“春树”，显然不是春天之树。此句对仗工稳，“诗情寄月宫”读之回味无穷。记得我有一首七绝，与作者不谋而合，幸甚至哉！诗云："三五月来无有诗，聊将一阙话相思。可人都向蟾宫赋，独我今宵欲寄谁"。

五

对句：露光送晚迟，残霞斜岸，遥听兰舟惊鹭声。（恭喜）

高寒点评：起句甚好，让人期待，不意转结平实，有波澜不惊之感，唯"兰舟惊鹭声"之句，想到李清照《如梦令·常记溪亭日暮》：争渡，争渡，惊起一滩鸥鹭。

六

对句：蝉声惹客愁，烟波冷雨，怕立长亭别友人。（夏海兵）

高寒点评：对句生动，冷雨长亭外，看友人远去，总不免伤感，"怕立"二字点明此意，对仗方面"烟波冷雨"句，还可再酌。

七

对句：桂香入梦悠，飞花玉露，笑听枯荷打雨声。（葛淼新）

高寒点评：本句对仗词性皆无误，一扫颓唐之心境，节奏明快，句中"悠、笑、打"，用字太熟，略乏情韵，个人觉得，不如直接引用李商隐"枯荷听雨声"，效果更好，同样抒情，原句则清秀疏朗。

八

对句：旱情盼雨来，澄潭清露，笑指茅檐织水帘。（冯光煦）

高寒点评：今年八月高温炙烤，旱灾严重，句中盼望"茅檐织水帘"的酣畅,来解众生疾苦。把对句切到现实生活中,未尝不可,为作者的忧患意识点赞!

九

对句:兰舟泊夜深,曳波碎月,闲听江涛隐鹊鸣。(高国莹)

高寒点评:前二句很好,结句凑泊,没达到出其不意效果。

十

对句:骚诗赋岁新,纵情翠竹,且举银樽啸雁怀。(帅一兵)

高寒点评:此句与上一联类似,前二句尚好,“雁怀”二字很突兀。对句无他,勤思考、多练习。祝有进益!

对联基础知识讲座

高寒

对联基础知识第一讲

初学对联，须遵循“对联六要素”，即：字数相等、词性相同、平仄相替、结构相称、节奏相谐、内容相关。这节课试讲其中四项，再分享我创作的感受，期望对对联有兴趣、渴望提升的联友以启迪。文中以古联举例，部分联附上简短点评，希望大家跟着我走进对联、并发现对联之美。

一、字数相等

1. 一副完整的对联，无论短联长联，或四字或百字，上下联字数应相等。

例一：

月明如昼；
江流有声。

金山之胜，在俯临扬子江，从水次送睇楼观，皆作飞动之势。山有明月亭，伊墨卿知府秉绶署联云：月明如昼；江流有声。这是“对联话”开篇的第一副对联，吴恭亨评语：用成语雄桀惊人。上下联各四字相对称。

例二：

为恤民艰看菜色；
欲知宦况问梅花。

古之为官者，多有在衙署后园辟地种菜之举。这副联为作者题自家园圃。上联“菜色”是指饥民营养不良的颜色；下联“宦况”是指自己做官的境况和志向。上下联各七字相对称。

例三：

五百里滇池奔来眼底，披襟岸帻，喜茫茫空阔无边。看东骧神骏，西翥灵仪，北走蜿蜒，南翔缟素。高人韵士，何妨选胜登临。趁蟹屿螺洲，梳裹就风鬟雾鬓；更苹天苇地，点缀些翠羽丹霞。莫辜负四围香稻，万顷晴沙，九夏芙蓉，三春杨柳。

数千年往事注到心头，把酒凌虚，叹滚滚英雄谁在？想汉习楼船，唐标铁柱，宋挥玉斧，元跨革囊。伟烈丰功，费尽移山心力。尽珠帘画栋，卷不及暮雨朝云；便断碣残碑，都付与苍烟落照。只赢得几杵疏钟，半江渔火，两行秋雁，一枕清霜。

大观楼长联是乾隆年间名士孙髯翁登大观楼所作。全联一百八十字，为古今第一长联。上下联各九十字相对称。

2.趣联。

民国有一副字数不对称对联：

袁世凯千古；

中国人民万岁。

这副对联有个故事，袁世凯去世后，某文人撰此挽联，旁人疑惑：上联袁世凯三字，如何对得起下联中国人民四个字呢？文人说：袁世凯就是对不起中国人民呢！

二、词性相当

以词的特点作为依据，把词划分为不同种类，即词的属性。现代汉语有实词虚词之分，实词含有实际意义的词，虚词指没有实际意义的词。

1.实词的种类。

实词包括：名词、动词、形容词、代词、数词、量词六类词语。

2.实词的特点。

名词：表示天文地理的词。如“风、雨、星云；峰、湖海”等。

动词：表示动作、行为的词。如“读、写、走、学习、劳动”等。

形容词：表示事物的形状、性质、颜色、状态的词。如“高、矮、胆小、美丽、绿色、通红”等。

代词：用来代替人或事物的词。如“你、我、他、谁、这”等。

数词：表示数目的词。如“一、二、三、百、千、万”等。

量词：表示事物或动作单位的词。如“个、支、本、次、斤”等。

3.词性相对。

例一：

明月/松间/照；

清泉/石上/流。

本联“明月、清泉；松间、石上”同属名词；“照、流”同属于动词。

例二：

两个/黄鹂/鸣/翠柳；

一行/白鹭/上/青天。

本联“两个、一行”同属数词；“黄鹂、白鹭”同属名词；“鸣、上”同属动词;“翠柳、青天”同属名词。

上下联词性简单归纳,即名词对名词、动词对动词、形容词对形容词、代词对代词、数词对数词、量词对量词。还有叠字对叠字,譬如杜甫的《登高》诗句:无边落木萧萧下,不尽长江滚滚来。

三、平仄相替

平仄是中国诗词中用字的声调。诗词中平仄的运用有一定格式,称为格律。平声和仄声,代指由平仄构成的诗文的韵律。现代汉语中,普通话分为四种声调,譬如:妈、麻、马、骂,我用最简单方法归纳平仄的区分:一声、二声为平,即“妈、麻”为平;三声、四声为仄,即“马、骂”为仄。

平时创作或朗诵诗联时,切勿用地方方言,选择用普通话。我们武汉方言的声调貌似没有第四声。

关于平仄,有一首口诀诗:

平声平道莫低昂,上声高呼猛烈强。
去声分明哀远道,入声短促急收藏。

1.单边联内节奏点
例:扬州瘦西湖迎月楼

春风/阆苑/三千/客;
明月/扬州/第一/楼。

本联属诗律节奏,句内“风、苑、客;月、州、楼”单边联节奏点平仄交替。

2.上下联平仄对立
例一:杭州西湖平湖秋月

凭栏看/云影/波光,最好是/红蓼/花疏,白苹/秋老;

把酒对/琼楼/玉宇，莫辜负/天心/月到，水面/风来。

本联属词律节奏，联中“凭栏看、最好是；把酒对、莫辜负”是领字，上下联平仄对立，领字节奏点平仄可不对立。

例二：湖心亭

好水/好山，出东郭/不半里/而至；
宜晴/宜雨，比西湖/第一楼/何如。

本联属古文节奏，上下联节奏点对立，但句内节奏点平仄可宽泛。

四、节律对拍

中国楹联学会颁布实施的《联律通则》第四条节率对拍：上下联句的语流一致。节奏的确定，可以按声律节奏“二字而节”，节奏点在语句用字的偶数位次，出现单字占一节；也可按语意节奏，即与声律节奏有异有同，出现不宜拆分的三字或更长的词语，其节奏点均在最后一字。

节律的概念：节律，也称节奏，即有规律的重复。对联属于语言艺术，汉语语音本身就具有节律性。对联与诗词一样，可以抑扬顿挫地吟咏，具有音节美和旋律美，形成一种独特的气息和韵味。世界上很多事物都具有节奏性，并给人以快感和美感。譬如，在音乐里，时间被分成均等的基本单位，每个单位存在一个“拍子”；人走路时脚步有起有落，是有规律的运动，即动作按照一定的节奏协调进行；还有人的呼吸，一呼一吸节奏均衡，频率相同；还有山势的起伏，海潮的涨落等，都有一定的客观规律，也可以说都有一定的节律（节奏）。

简而言之，所谓节律对拍，就是指上下联停顿的地方必须一致。

1.“二、二、二、一”节奏。

例一：赠人联

精神/到处/文章/老；

学问/深时/意气/平。

此联属律句，由二、二、二、一组成，上联节奏点在神、处、章、老；下联节奏点在问、时、气、平。

例二：北京陶然亭联

烟笼/古寺/无人/到；

树倚/深堂/有月/来。

2.“二、二、一、二”节奏。

例一：自题联

欲除/后悔/先/修己；

各有/来因/莫/羡人。

此联特点赠人同时也励己，是格言，亦是警句，可为座右铭，其重点是由二、二、一、二组成，上联节奏点在除、悔，先、己；下联节奏点在有、因、莫、人。

例二：苏州沧浪亭联

清风/明月/本/无价；

近水/远山/皆/有情。

例三：武汉黄鹤楼联

我辈/复/登临，昔人/已乘/黄鹤/去；

大江/流/日夜，此心/常与/白鸥/盟。

3."非二字一节"。

律诗是由五字、七字句组成，联句则变化多端，早期流传下来的名联，许多由骈文、词、散曲的句式入联，我们暂且称之为"散句"。

例一：

得/好友来/如/对月；
有/奇书读/胜/看花。

此联是清代诗人钱大昕所撰，上联话友，下联读书。人生最不可或缺的是好友与奇书，也是趣事和追求。联中"得"和"有"、"如"和"胜"仅一个字，单字即占一节；"好友来"和"奇书读"在联中，按"语意节奏"阅读不可拆开，属于三字一节。上联的节奏点是得、来、如、月；下联的节奏点是有、读、胜、花。值得注意的是，跟诗律句不同，节奏点并非落在好、来、对和奇、读、看上。

例二：自勉联

与/有肝胆人/共事；
从/无字句处/读书。

这副联的特点：上联的节奏点在与、人、事；下联的节奏点在从、处、书。值得注意的是，跟诗律句不同，节奏点并非落在有、胆 、共和无、句、读上。

例三：徐姓宗祠

有关/国家书/常读；

无益/身心事/莫为。

此联是二三二节奏(也可以划分为五二节奏),第二节奏的“国家书”和“身心事”是三个音节,这与一般的七字联有所区别,在吟咏时,其重读音应该在节奏点上的“书”和“事”,即全联的第五字上。

4.“声律节奏”和“语意节奏”的有异有同。

语意节奏,又称意节,是依词语结构划分,根据语意所产生的停顿划分节奏,其节奏点称为意节点。对联中如遇到声律与语意不一致时,允许按语意安排,读句则按照语意停顿。

能受/苦方/为志/士;
肯吃/亏不/是痴/人。

此联若按照“声律节奏”吟咏,“苦方”和“亏不”似乎不好理解,也读不通。

能受苦/方为/志士;
肯吃亏/不是/痴人。

若按照“语意节奏”区分节奏就好理解了。

5.不宜拆分的三字特殊词语

对联会涉及到三字或多字不宜拆分的句式,其中包含有人名、曲名、词牌名和地名等。譬如“黄鹤楼”“晴川阁”,同属武汉市著名的景点,即可以成为对句,同时也不宜拆开。

例一:灵川武侯祠联

梁父吟/成/高士/志;

出师表/见/老臣/心。

《梁父吟》又称《梁甫吟》，是中国古代山东一带流传的民谣；《出师表》是三国时期，蜀汉丞相诸葛亮，在北伐中原之前，给后主刘禅上书的表文。《梁父吟》和《出师表》由三字组成，是不宜拆分的固定词组，同属文章标题。上联的节奏点在吟、成、士、志；下联节奏点在表、见、臣、心。三一二一的节奏特点。

例二：岳阳楼

后乐/先忧，范希文/庶几/知道；
昔闻/今上，杜少陵/始可/言诗。

范希文和杜少陵是两位古人，范希文即范仲淹；杜少陵即唐代诗人杜甫，此联人名对人名，不宜拆分。

对联基础知识第二讲

上次已讲过对联六要素之“字数相等、词性相当、平仄相替、节律对拍”，并出两个上句，要求对下句。综观大家对句，都很不错，在此建议日常练习中，多试对下句，掌握对联的语境，对以后的鉴赏、创作大有裨益。本次试讲非六要素基础知识。

一、马蹄韵

对联在我国已有一千多年的历史，古代人并没有明确界定“马蹄韵”一词，但其多数联作心领神会地遵循了马蹄韵规则。马蹄韵一词是余德泉教授经过对上千年来联作声律的考察，总结出来的。马蹄韵最基本的规则：平平仄仄两两交替。其状如马之行步，后蹄总是踏着前蹄蹄印走，每个蹄印都要踏两次。马蹄韵因此而得名。

值得一提的是，目前一批网络对联高手并不认可马蹄韵，我们在实践创作中也未完全遵循马蹄韵，初学者不妨先用着再说。

马蹄韵有两种平仄排列规则：

第一种：…… 平仄仄平平仄仄平平仄仄平平仄

第二种：…… 仄仄平平仄仄平平仄仄平平仄仄

例一：黄鹤楼

千载此楼，芳草晴川，曾见仙人骑鹤去；

卅年作客，黄沙远塞，又吟乡曲落梅中。

本联三联句，句脚平仄安排平平仄。

例二：黄鹤楼

白云黄鹤，四顾苍茫，后好诗传九百年前，楼阁重新谁更上；

酒客词仙，一流人物，望钱塘在三千里外，海潮不到我能来。

本联四联句，句脚平仄安排为仄平平仄。

二、朱氏规则

马蹄韵一般说来是较佳的格式，但它并非唯一的格式，例如，朱氏规则也是主要的格式之一，其特征是上联各句之句脚，除尾句收于仄声外，其余都是平声。所以，对三句及三句以下的多句联而言，朱氏规则与马蹄格是相通的、统一的。

例一：夸父

掷杖荫苍生，花若有知，且看祀享其诚，与精卫鸟威灵共著；

抠衣续未竟，死而不已，须信人神之志，并屈大夫愚愎堪怜。

例二：古琴台

遗迹此台，想当年掩抑七弦，定弹个吾道南来，大江东去；
知音何处，到今日苍茫四顾，只剩得汉阳流水，黄鹄高山。

以上两联之特点，上联各句之句脚，除尾句收于仄声外，其余都是平声。

三、一三五不论

“一三五不论，二四六分明”是古人写作七言近体诗时对一句之中各字平仄调配的变通规定，为常用口诀。这种规定的基本精神是对平仄声字的运用可以有灵活处置的地方，使作诗时不致为平仄律束缚得太死，不因词而害意。简单归纳：在一个七言律句之中，第一、三、五字可平可仄，而第二、四、六字则必须平仄分明，不能任意使用。

马鞍山采矶石太白楼

狂到世人皆欲杀；
醉来天子不能呼。

本联属于典型的一三五不论，二四六分明。上比化自杜甫《不见》诗：不见李生久，佯狂真可哀，世人皆欲杀，唯吾独怜才；下比化自杜甫《饮中八仙歌》诗：李白一斗诗百篇，长安市上酒家眠。天子呼来不上船，自称臣是酒中仙。

四、六字联句

古诗词和对联中，由六字句组成的句式并不多见，为什么要单独讲一讲呢？是因为我们以后创作长联时，起、承、转、合的架构中会用到六字句。

例一：

古道/西风/瘦马；
小桥/流水/人家。

元朝马致远是散曲家，他的一首《秋思》脍炙人口。这是从里边摘出来的佳句，正好组成一副六字对联。上句描写在寂寞的古道上，饱尝乡愁的游子骑着一匹延滞归期的瘦马，下句又显示出一种清新幽静的境界。断句由二、二、二组成，上联节奏点是道、风、马；下联节奏点是桥、水、家。

例二：

前身/应是/明月；
几生/修到/梅花。

《清联三百副》显示这副联的作者，是清郑板桥的自题联。此联也是由二、二、二组成，上联节奏点是身、是、月；下联节奏点是生、到、花。

例三：

书道如神明，落纸云烟，今古/竞传/八法；
酒狂称圣草，满堂风雨，岁时/宜奠/三杯。

这副联比较长，其中结尾句“今古/竞传/八法，岁时/宜奠/三杯”，由六字组成。

浅谈对联构思

高寒

初涉成联者遇到联题，在没有灵感迸发的情况下，不知如何下笔，常江老师在《论楹联构思十法》一文中曾言道：即使是联家里手，也并非落笔成联，一挥而就，古今对联故事中所讲的“应声而对”、“不假思索”纯系夸张。其实，构思对哪个层次的对联作者都是十分重要的，都是难以解决的。

现以全国联家经验，结合我自己的创作实践，谈谈取材和构思方法。

以下试谈几副对联的构思：

一、题三峡

高猿传响，雅士吟愁，十二峰名并九华，迭嶂耸云邀客棹；
浪势鲸奔，山形虎踞，七百里剑斫双壁，寒烟带雨入江流。

三峡是中外驰名的热线景点，地跨重庆、湖北两省市，两岸崇山峻岭，悬崖绝壁，风光奇绝，引得历代文人骚客唱咏不绝，留下许多不朽诗篇。南北朝郦道元在古诗文中描述：“每至晴初霜旦，林寒涧肃，常有高猿长啸，属引凄异，空谷传响，哀转久绝。故渔者歌曰：巴东三峡巫峡长，猿鸣三声泪沾裳”。唐代诗人杜甫秋兴八首亦有“听猿实下三声泪，奉使虚随八月槎”之句。每写一个题目，首先仔细查阅资料，再通读相关诗词，了解人文历史，做到下笔有料。基于以上几点就有了起句“高猿传响，雅士吟愁”。三峡由瞿塘峡、巫峡、西陵峡而得名，在创作选材上不可能面面俱到，立意时要有所取舍。我侧重描写巫山十二峰，运用“拉人作衬”的手法，拉来九华山十二峰作衬，即有了“十二峰名并九华”。“拉人作衬”是楹联创作手法之一，要求拉来陪衬的事物，应该为知名厚重的人物和景物，起到烘托、共鸣和拔高作用。

下联“浪势鲸奔，山形虎踞”主要描写三峡山与水的奇、险。“七百里剑斫双壁”一句，也是源于郦道元三峡首句：“自三峡七百里中”，概括了三峡的总体长度。值得一提的是“剑斫双壁”是此联中点睛之笔。我们在创作过程中一定要有自己的思想，大胆的想象，使其成为区别于其他的独特语言，即便众多的人写同一个题材，其格式语句思想仅属于你，有着与众不同的特点。在对仗方面，首起分句采取自对法，联中自对句上下联亦可不对仗。

全联以秋景为基调，两结缘李白诗境而引发，诗云：“朝辞白帝彩云间，千里江陵一日还。两岸猿声啼不住，轻舟已过万重山”，因此，“迭嶂耸云邀客棹；寒烟带雨入江流”，拟带读者随长江顺流而下，一日千里。专家评语：此联语言流畅，对仗工整，融当时其境其情，注于笔下，状三峡之山水，如在目前。

二、天目山

花木湿青阶，近看峰岚千叠，云鸟百啾，客上天池堪洗眼；

梵音沉黛壑，遥思宋士结庐，萧公隐世，人从古迹已虚怀。

天目山位于浙江西北边邻，距杭州 84 公里。“天目”之名始于汉，有东西两峰，顶上各有一池，长年不枯，古名浮玉山。其山峭壁突兀，怪石林立，峡谷众多，自然景观优美，素有“大树王国”、“清凉世界”、“江南奇山”之盛名，且历史悠久，集儒、道、佛诸教于一体的三教名山和历史文化名山。有诗曰：“八方香客云集来，十万烟火散江南。”

上联由景观生发，“花木湿青阶”拾阶而上，“峰岚千叠，云鸟百啾”形容山色的秀丽和生动。结句“客上天池堪洗眼”而引发下联。天目山是佛教名山，为此山撰联，不可全写景，切入角度须持名山、佛理二端，相互生发，不宜偏废。联中“宋士结庐”即宋时众多僧侣在山中垒石为室，结茅为庐，涧饮木食，苦志修行。“萧公隐世”源于梁代昭明太子萧统曾在东天目山编纂《昭明文选》，圈点《金刚经》，因劳累过度导致双目失明，后用东天目山的泉水清洗重又复明，现景区仍存有洗眼池、分经台等遗迹。

“天目山”是中国楹联五期作业，五十人同题，有导师评分和排名，每位学员使出浑身解数，作品精彩纷呈，蔚为大观。此联特点是上联描写近景，下联遥思，由人文到抒发感悟。专家点评：目观山色，思接古人，情景交融，上下联各有侧重。下结或可再酌。此后，我将下结修改为“人谙妙谛已虚怀”，与下起“梵音沉黛壑”，形成首尾相呼应。

三、贺荆楚联坛

是崔颢遣怀豁目之楼，郁郁晴川，岂仅大江浮暖日；

占屈原呵壁问天之地，渊渊学海，早知斯楚有新材。

黄鹤楼古楹联中有“清江浮暖日，黄鹤弄晴烟”之句，这副对联借用“大江浮暖日”之句，但并非简单的克隆，前面“岂仅”二字，已经构成新的意境，赋予新的内涵。梁萧子显《南齐书·文学传论》中说：“若无新变.不能代雄。”这告诉我们在创作过程中，将经典句融入到自己的作品中，使之创造出新的风格和意趣。

这副联荣获2018年“对联中国”最佳人气奖。“对联中国”大赛是中国楹联论坛和“对联中国”公众号合作举办的比赛。金锐老师评语：上联以黄鹤楼作起句，切住“荆楚”之地，又如登高望远，先行占住地位。“郁郁晴川”四字推开一笔，气象开阔，收句“岂仅”二字或有暗指人才辈出之意。下联引“屈原”亦是扣题，而有能突出一“学”字，“惟楚有才”，信矣。虽然是贺联，但并非常见的贺联模式，而是融景物人文于联语之中，文韵绵绵。

四、岁末感怀

浮世每荒于琐屑，歌哭无凭，算几卷残诗，几多锦字；

流年自持以率真，扶颠不倒，听一番益友，一众诤言。

岁月太匆匆，写此联时已是丁酉年的尾声，提起笔来，五味杂陈，感慨良多。但凡诗者往往多愁善感，面对过往或叹息、或喜悦、或释然，他们以诗意的形式去发现身边每一处美好，所谓有诗在，便不孤。

与上三副联不同，此属文艺性情联类。所谓文艺联，是用来遣怀酬世，与诗词曲赋一样成为独立的文学体裁，兼可读性、文学性之特点。

起句由“浮世每荒于琐屑”引发，人皆活于马上，我独活于梦中，想自己营营碌碌，诸般无所建树，常被琐事纠缠。“歌哭”既歌又哭，以表示一种强烈的失落情感。还有另外一种解读：“此中真歌哭，情文两具备”，或“歌哭笑骂，乃戏子耳”。“无凭”即没由来，于是问自己有多少残诗与锦字。下联起句“流年自持以率真”，纵人情冷暖，风雨晦明，我自守一份天真。“扶颠不倒”，即：损其三，益其三，所谓扶颠。《论语·季氏》：“危而不持，颠而不倒”是也，所幸还有益友发诤言。

一元复始，万象更新，诗联者更多的是对即将逝去的一年作一番回顾，对新的一年进行一番展望，而我写这副联比较直白，由两条主线贯穿而成，上联读书，下联话友。清代诗人钱大昕有联云：“得好友来如对月；有奇书读胜看花”，足以说明“好友”与“奇书”是人生不可或缺的趣事和追求了。这副联最大的特点是对仗工稳，不仅做到联中自对，上下联亦能相对。

非常意外的是这副“岁末感怀”也入选2017年《中国楹联学会对联文化研究院》佳联三百副之中。我极少将心思示于人前，总觉着不合时宜，联中表达的有些无奈，有些委屈，许是点评者从中品出了“落落抒写，其情亦如见”也。专家评语：“歌哭无凭”、“扶颠不倒”等词极具形象，亦可见作者胸中孤愤。联中所刻画形象与八大山人别无二致，盖人生境遇相异，而内心无奈今古不殊。一件作品，能让读者品出另外的含义，应该算是成功的吧？虽然联中描叙的自己与八大山人朱耷并不相符，但依然是高兴的。

对非小道，联本大观，对联虽然两行文字对应排列，其包罗万象，诗词曲赋中所写的任何素材皆可进行有机组合，兼收并用。我的体会是入门须正、立志须高，不仅要学习历代名联佳构的技法，更要有讴歌新时代、新事物，抒发爱国主义情操，同时不断深刻阅读，以提高对联鉴赏水平，才能创作出上乘之作。目前我创作的对联虽有一定成绩，但学海无涯在广博与厚重方面仍有较大提升空间。在此将点滴浅见分享给联友，请各位老师给予批评指正！

（原刊于《对联》杂志、《荆楚对联》杂志）

浅析女性楹联

高寒

对联是中国特有的文学形式，有着世界上其它任何文字都不具备的特点，可以悬挂，也可用于各类文章和诗歌中。从源远流长的中国文学史来看，有记载的女性相较男性而言，数量上处于绝对的劣势，但取得的文学成就却不逊男儿半分。

对联早期的形式可追溯到对偶，对偶和对联一样具有字数相等、结构相同、意义互衬、语言凝炼之特点，在古代诗文中，就出现了对偶句。春秋时期的《诗经》，对偶句已十分丰富，如："青青子衿，悠悠我心。"(《郑风·子衿》)、"山有扶苏，隰有荷花。"(《郑风·山有扶苏》)、"昔我往矣，杨柳依依；今我来思，雨雪霏霏。"(《诗经·小雅·采薇》)、"投我以木瓜，报之以琼瑶。"(《卫风·木瓜》)等。《诗经》共计305篇，有研究者认为，从诗歌的内容和情感分析，《诗经》应有大量的女性作者。

在我们这个诗的国度里，有着咏絮才之称的女性，不乏佼佼者，她们的诗词鲜活婉约，隽雅可诵，因此青史留名。彼时的女性作者在楹联方面虽未涉足，但运用对仗手法的诗句，已相当成熟了，如："生当作人杰 ，死亦为鬼雄"(《李清照·夏日绝句》)、"水通南国三千里，气压江城十四州"(《李清照·八咏楼》)、"欲求无价宝，难得有心郎"(《鱼玄机·赠邻女》)、"影铺秋水面，花落钓人头"(《鱼玄机· 赋得江边柳》)、"雨馀残暑退，日落晚凉生"(《朱淑真·早秋偶笔》)、"欲知心里事，看取腹中书"(《李治·结素鱼贻友人》)、"当空巧结玲珑帐，著地能铺锦绣裀"(《李治·蔷薇花》)、"羞将门下曲，唱与陇头儿"(《薛涛·罚赴边有怀上韦令公》)、"常恐便同巫峡散，因何重有武陵期"(《薛涛·牡丹》)等。这些诗句或气势、或哲思、或意境，历时百千年仍余韵犹在，且完全可以当作一副独立的对联来欣赏。

《楹联丛话全编》中记载，清代是楹联发展的鼎盛时期，上至天子群臣，下至文人雅士提笔对对子、写对联，成为盛行的文化现象，至民初出现为数不多女性作品，多以挽联为主，其中如：

挽廖仲恺（何香凝）

夫妻恩，今世未完来世再；
儿女债，二人共付一人还。

挽蔡锷（小凤仙）

万里南天鹏翼，直上扶摇，那堪忧患余生，萍水因缘成一梦；
几年北地燕支，自悲沦落，赢得英雄知己，桃花颜色亦千秋。

挽徐志摩（陆小曼）

多少前尘成噩梦，五载哀欢，匆匆永诀，天道复奚论，欲死未能因母老；
万千别恨向谁言，一身愁病，渺渺离魂，人间应不久，遗文编就答君心。

自挽（佚名）

我别君去，君何患无妻？倘异时再叶鸾占，莫谓生妻不如死妇；
父随儿悲，儿终当有母，愿他日得酬乌哺，须知养母即是亲娘。

真正意义上的对联，上联和下联不仅要“联”得起来，还需表达一定特指的完整意思。以上挽联情真意笃，感人肺腑，体现女性高尚的人格和责任担当，堪为挽联佳作。此时的女性对联无论语言艺术还是对联技法，已趋于成熟期，但题材方面略显单一。

在联合国纪念世界妇女大会25周年高级别会议上，习近平主席曾有这样一段特别表述：“妇女是人类文明的开创者、社会进步的推动者，在各行各业书写着不平凡的成就”。楹联女性作者亦是如此，优秀女联家们用细腻的笔触，独特的视角，引领并推动着楹联文化的发展。

下面例举活跃在湖北联坛和对联中国的几位优秀女联手作品：

春游（王细平）

风萌青绿，雨点丹朱，千千复千千，南也北也；

云霞锦裳，桃花颜色，两两又两两，乐哉悠哉。

王细平以往的对联风格古雅著称，而该联明快活泼，有喜感且有动感，春天的气息铺天盖地，有朱自清笔下春的味道，笑着走着，下联人如画，画又是春。本联两结对仗清新欲呷。

狗尾草(王泉珍)

草莽身差同垄亩间，芟刈犁耘，来来去去；

荣枯事幻在沧桑里，霜风雨雾，岁岁年年。

狗尾草生长在田垄之间，作为庄稼的异类耕者是不容的，一经发现将作野杂草除掉。上联写其生存不易，下联贵在精神品质，纵使霜风雨雾摧残，亦生生不息，表达了顽强、不卑不亢的生命力。此联和清代诗人袁枚小诗《苔》有异曲同工之妙："白日不到处，青春恰自来。苔花如米小，也学牡丹开"。

威海环翠楼(江志明)

四面得青峰拱侍，浓翠拂还来，与东隅屏障，同遭劫火；

一楼瞰沧海横流，英雄淘不尽，遗南粤忠灵，共镇江山。

环翠楼位于山东威海市，是与刘公岛隔海相望的一座古建筑，甲午战争和侵华战争中与对面的屏障刘公岛两次同遭劫火。上联由景入手，言环翠楼地理位置和经历的劫难，下联由景及人，赋与楼同先烈一样风骨：永不屈服，抗击外侮镇守江山！其中"拱侍对横流"、"东隅对南粤"、"拂对淘"，对仗精工。该联笔力不凡，凭吊咏叹，先抑后扬，如引绳环环而转。

望楚亭(舒小琴)

望樊山以长哀，乡关何处；

乘鄂渚而反顾，风雨此亭。

望楚亭位于鄂州西山，屈原的《九章》中："乘鄂渚而反顾兮，欸秋冬之绪风。"彼时的屈原正被流放，在鄂渚(今鄂州)生活了一段时间，心中满满的都是对故乡的思念和对国家的怀想。登上樊山高处，心中却是满满的愁绪，回首望去，一片风雨，此"风雨"是大自然的风雨，是时代的风雨，更是诗人人生中的风雨，以风雨作结，以一言而境界全出矣。该联属短联，众所周知，短联写好不易，必须具备逻辑思维能力和语言表达能力，作者引用诗人原句而稍作调整，灵动而不拘泥，让人一眼便知此亭与屈子相关。袁枚在《随园诗话》有这样一段评语："写景易，景从外来，目之所触，留心便得；言情难，情从心出，非有一种芬芳悱恻之怀，便不能哀感顽艳"，此联贵在用"情"。

柳（胡红英）

依然傍路扶桥，雨雪霏霏，为人离别成多病；
如是轻黄软绿，风烟冉冉，许我冠簪似少年。

上联以"柳"在古诗词中常用以意象见证离别，而戴柳簪柳，则古有其俗，下联比如是欲作翻案想。结句"少年"一词缘2023年深圳春联"兔生明月开新岁，人在春风即少年"获奖后，成为时尚满屏开花，大家争相引用，窃以为，这副引用较为生动：冬去春来，万物复苏，面对充满生机的青青杨柳，哪里还有什么离愁别绪，有的是无限青春态。

仔细品味，几位湖北联手作品体现出：题材的丰富性、立意的新颖性、结构的多样性，无论咏物、亭台楼阁、抒怀皆清雅可人，堪为女性楹联典范。

湖北省楹联学会原会长陈东成先生曾提出要发展黑头发、长辫子。2021年湖北省楹联学会女子工作委员会成立之时，我有一副贺联，意在祝福："文似雕龙，必说一番长辫子；曲成栖凤，来看百个美娇娘"。女子无才便是德的思潮早已成为过去，改革开放以来，现代社会给女性赋予了更宽广的舞台，她们在文坛上与须眉比肩，力争撑起半边天。现代女性具有良好的修养、广博的知识，以及至纯至美心灵，在兼顾事业和家庭的同时，能抽出宝贵时间，为时而歌、为事而作。愿我们在寻常的日子里温情脉脉，在诗歌的海洋中恣意徜徉，留下有温度，有醇香，有风骨的文字。

（原刊于《对联》杂志2023年第73第6期）

我与对联的情缘

高 寒

刘太品先生曾言:“联语一途,自古罕有女性作者,俗谓苏小妹者应声巧对,纯属乌有;旧传松江女史岳坟联语,实为摘句。至廿一世纪初年,有网络对联兴于神州,一时作者蜂起,佳构云集,而女性作者群体卓立其间,大有与须眉平分秋色之势”!作为女性对联爱好者一员,接触网络对联亦有几载,至今仍处于迷糊状态,我对文字一直抱有敬畏的态度。曾小诗一首:“书山远路途,亦步陋章娱。薄汗涔涔渗,噤声未敢呼”。回顾学联经历,最初由喜爱到痴迷,由茶余消遣到认真深入,有循序渐进的一个过程:对句、出句、诗钟、成联(我对句上万,出句上千,诗钟无数,可惜都流失,近一年才开始收录)。下面试谈我与对联的渊源。

我自小农村长成,曾祖父是地主,据说是十里八乡的知名人士,家境算得上富庶。祖父读过私塾,教书先生是村里的一位秀才,依稀记得老态中仍清秀斯文。每到春节前两天,门口摆出桌子和笔墨,村里人从集市上买些红纸,或自己裁一些,等待祖父逐个写春联。祖父略思忖,龙飞凤舞后一副对联出笼。小时候最大的乐趣是走乡窜户时读农家大门外张贴的春联,如:“瑞雪飞花妆塞北;春风化雨绿江南”,“大地春回花竞绣;神州瑞满物呈祥”,“年难过、年难过,年年难过年年过;事难成、事难成,事事难成事事成。”此联映在脑海挥之不去,孩童焉知农民的辛酸,只顾着乐!

整个少年和青年时期是寂寞的,唯和书本作伴,大量阅读中外名著、诗歌、散文、绘画等。教课书里关于楹联文化几乎是一片空白。

09年开始进入诗词联群,结识全国文学爱好者。网络对联群包罗万象鱼目混珠,也是卧虎藏龙之地。有道是:“才子佳人,自是白衣卿相”,学联热潮盛极一时，算是初学者很好的学习去处吧。首先关注的是谐巧类对联，如："此木为柴山山出"、"上海自来水来自海上"。曾有师者建议此类机巧联、机关联、拆字联可以读赏，但不必深究。这期间阅读的书籍有《笠翁对韵》《联律通则》《增广贤文》《文心雕龙》《古文观止》《诗词格律》以及大量的唐诗宋词。自学平仄后，开启了漫长的学联之旅。

烟霞一枕和衣卧（联友）
风雨满楼负手凝（高寒）

为求一字磨秃笔（联友）
因爱虚名累瘦身（高寒）

力拔云端峰夺冠（联友）
名扬世外剑封侯（高寒）

樽前故旧多零散（联友）
笔底情怀渐黯然（高寒）

往来皆是匆匆客（联友）
悲喜无关碌碌名（高寒）

衰柳枯杨，谁识当年歌舞殿（联友）
残垣孤旐，可怜今日帝王陵（高寒）

我有松风一两，何人欲买(联友)
君非色艺双馨，冷眼旁观(高寒)

渐渐的并不满足于对句，开始琢磨出句。时至今日联群和论坛活跃着大批老师，他们有着非常丰富的出句理论知识，斟词究字十分考究。我出句全凭感觉，几乎不讲道理，信手拈来。例：

昏晓闲看，许人以梦(高寒)
古今细读，教我忘尘(闲看昏晓)

断壁残垣闻堕叶，离伤尽诉(高寒)
寒山客舍叹飞花，余恨难消(水云间)

鹤以长闲，云飞何处？(高寒)
心多淡泊，道法自然。(冰藕)

智者读书，杂而不精，乱而无序(高寒)
痴人说梦，美而忘我，醉而有形(三舍)

垂杨小月，一江春水 (高寒)
烟雨红尘，两岸桃花(烟雨江南)

料青山如是，柳如是也（高寒）

知俗世易安，李易安乎（烟雨江南）

梁章钜在《楹联丛话》记载，诗钟的源头，一谓源于“改诗”，二谓源于唐宋时酒令。要求作者知识广博且有急才，达到斗智斗巧和娱乐效果。诗钟虽是雕虫小技，亦洋洋乎大观，其中乐趣，胜诗十倍，“钟虽小品，惊天地，泣鬼神，征夫怨妇之思，怀乡忧国之感，均可流露于寥寥十四字中”。诗钟种类格式繁多，对仗要求及其严格，更重立意，无意义之诗钟，称为“哑钟”。作品有点猜谜的意思，不能犯题面字，百度可查，在此就不多赘叙。例：

合咏：辫子

受之父母安能毁？
可辨雌雄必得留。

合咏：归

家山千里频催马；
风雪一肩未阻程。

分咏：余香/耳屎

掏空累赘聆天籁；
散尽芳馨挽月魂。

冬/雪（蝉联格）

笛中吹起千秋雪；
冬里乍开万树梅。

合咏：猪八戒

西渡取经难改性；
天庭下界错投胎。

合咏：冬天（禁用“雪梅冷”）

沉香炉火温情酒；
落叶虬枝朔骨风。

分咏：书生/畜生

读万卷文，秃笔破裘，竟是百无一用；
乞三餐食，肥头大耳，终为座上佳肴。

当然，学联者皆有闹群或者组团进行临屏PK经历。联群有不成文比赛规则：对联三分钟，成联十分钟，诗钟十五分钟，诗、词（小令）二十分钟，通常由我担任成联和诗部分，可惜PK作品几乎未曾收录。

题自费出书

洛邑当年凭纸贵；
黔驴今日谓词穷？

某群呵斥：

质陋无妨，太狂人愈鄙；
才高有度，过癖世同嫌。

老牛吃嫩草

小女笄年，今宵好梦为新妇；
老生不惑，枯木逢春缔孽缘。

劝某人：

知一点皮毛，羞为太傅；
积三分福善，乐享余年。

纠结篇：

无端破事三千，待沉吟，理还纷乱，再难寻绮色云霞，清潭水镜；
怎奈鸡毛一地，随起落，拾亦不堪，由任尔真情戏子，纨绔膏粱。

古人云：所谓末流诗，或叫嗓怒张，或谩骂攻讦，很大程度违背了忠厚的传统。诗到了这种地步，可说是一次厄运，也是诗的不幸。吾将改之！

综上所述仅仅是弄懂对仗、平仄、句式、结构等对联所必备基本条件，会写和写好之间有十万八千里路，只能说是争捷斗巧而已。如果满足现状，混迹于各大联群和论坛，收获一帮粉丝也足够了。对联虽然是一门小众文学，但同其它文学体裁大抵相同，若想真正独立创作，成为优秀的楹联写手是远远不够的。严羽在《沧浪诗话》中也说："诗者以识为主，入门须正，立志须高。学其上，仅得其中；学其中，斯为下矣"。丙申年进入中国楹联论坛，成为第五期学员，学员来自全国，自诩高手（笑），开始魔鬼般的训练。中楹云集各地高人韵士，如太李白、金锐、一脉花香、莫非、青山如是等，他们在创作中都似乎不自觉的以清联为范本，大有复古之意。"变齐梁之绮靡，追建安之风骨，振起有唐一代诗风，反对浮华的骈体，提倡质朴的古文，在创作上与空洞无物的老干体和征联体划清界线"，使楹联作品具典雅、大气、可读性、文学性之特点。我也开始着魔似的阅读《清联三百副》《对联话》《中楹百家》《诗经》《离骚》骈赋文和文言文，在阅读中吸取名家精髓，发现其闪光点，揣摩其思维角度和构思方法，为我所用。曾拟写一联盛赞中国楹联论坛："淹留龙虎厚深兮，无日不凝眸，谁在吟山，谁在吟水；止步楹坛何久矣，一朝犹放胆，吾将忘我，吾将忘情"。欣喜的是在中楹的一部分作品受导师鼓励，收录在中国楹联微刊。

题三峡

高猿传响，雅士吟愁，十二峰名并九华，迭嶂耸云邀客棹；

浪势鲸奔，山形虎踞，七百里剑斫双壁，寒烟带雨入江流。

题洪秀全

揭竿源自布衣，纵十年斧钺交争，勋业何如明太祖；
卜鬼岂安天国，教半壁风云突变，哀兵莫怨老耶稣。

杜甫草堂

一棹随风歌自苦，悲为时事，慨在襟怀，春秋笔下逢诗史；
半生流寓仕穷通，北望京华，西征蜀道，花径溪旁结草堂。

风动石

补天不济，立势不欹，伫东山冠甲一峰，摩霄摘斗犹缄默；
契鹭以飞，挟风以舞，支寸柱巍昂千浪，卷雪惊涛亦泰然。

题东湖

行数步得清凉，但看青荷举水，碧柳呼莺，诸君莫羡西湖好；
溯千年承绚烂，遥思屈子吟歌，楚王击鼓，胜迹应教玉笛新。

许多才气天赋不错的联友，由于觉着对联艰涩，便停滞不前，逐渐淡出楹联圈，甚觉可惜。梁启超先生曾言楹联是“苦痛的小玩意儿”，要求作者大量阅读，广泛涉猎，博古通今，方能游刃有余。想来所有的楹联人痛并快乐着。目前我尚在探索中艰难前行，其路漫漫，深信在不懈努力中终有进益。不假良史之词，不托飞驰之势，留一些孤独，存一份热爱，勤补拙也，与诸位楹联人及爱好者共勉！

（2016年12月7日）